JN335435

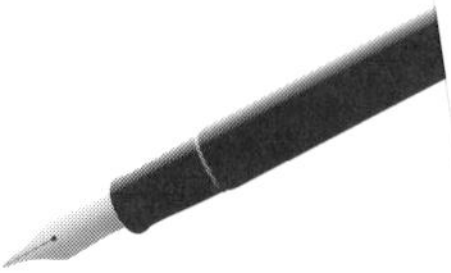

4行に込められ
経営者とビジネ

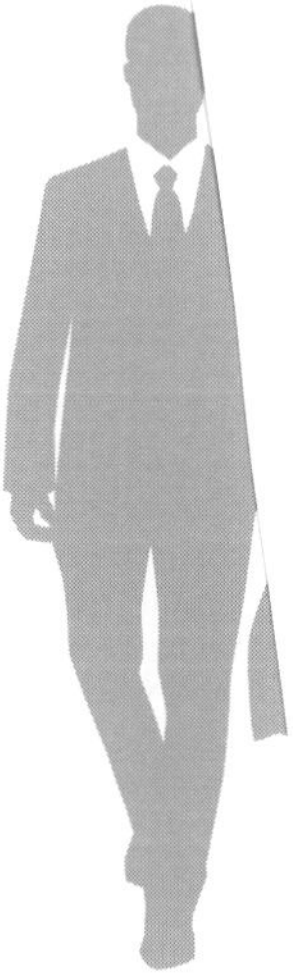

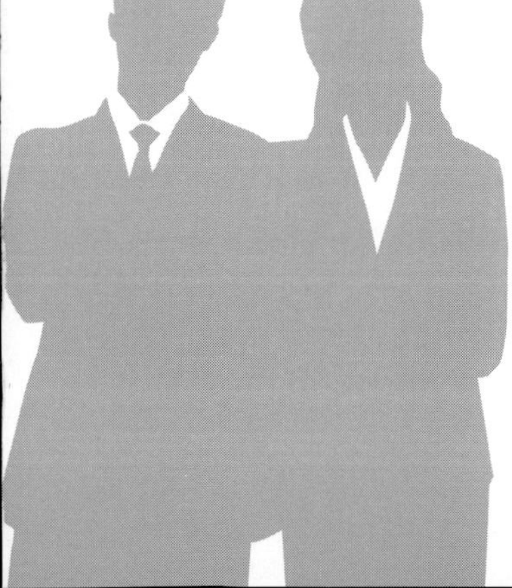

本の泉社

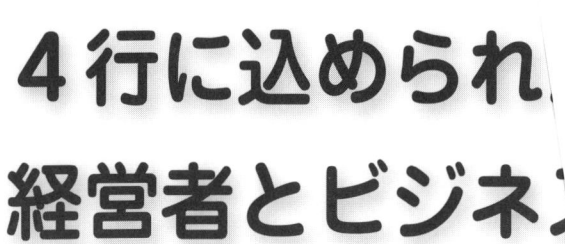

まえがき

日本のバブル経済の始まりは86年11月、そして終わりは91年1月と言われる。日本企業はバブル経済崩壊後、大手企業でも経済における国際社会の動向を読めず、テレビやパソコンなどの製造企業が大赤字に見舞われ、現在も四苦八苦している。これは中国や韓国、また東南アジア諸国の台頭により苦況にたたされている面もあるのだが、結局はグローバル＆ボーダーレス時代という国際社会の流れを無視し、読み間違えたからである。

もともと経済の歴史を検証すると、その動向には上下の流れが存在する。コンドラチェフやジュグラー、グヅネッツ、キチンなどという波があるのに、日本の経営者はそれらを無視していたこともあってか、バブル経済の到来に酔い痴れた。その結果、このバブル経済崩壊の後はその対応策に苦慮・苦心し、大手企業でも方向性を見失い、テレビなどは韓国企業などに駆逐され、後塵を拝している。

そもそもバブル経済時代、日経平均も1989年12月29日に3万8915円の最高値をつけ、そこから下落をし始め、最低値は２００９年３月に7054円という底値をつけてようやく沈静化、ここから再度上昇し始めているが、まだ半値にも満たない。

世界経済のなかでバブルという「泡経済」が崩壊すると、歴史では上昇基調に乗るのに早くて13年、遅いと25年ほどかかってようやく上昇している、という経緯がある。もし、当時の経営者がこのような世界における経済動向の歴史を知っていれば、そして対応・対策をしていれば、日本経済もここまで下落しなかったと思う。だが、当時の経営者はこれらの経済歴史を検証することなく無視し、このバブル経済は続くものと考えていたのではないかと思う。そこに落し穴があった。

筆者は93～94年頃から講演などで、「現在の経済はバブル（泡）みたいなもの、必ず崩壊し、日本はデフレ経済になる。そうなると銀行が倒産する時代が来るかもしれない。事実、昭和初期の恐慌はそうだった。そうなると元にもどるとしても10年から20年はかかる。事実、歴史ではそうなっている」などと話していたのだが、まったく信用されなかった。しかし、97年11月に中堅どころの三洋証券が破綻し、立て続けに山一証券と北海道拓殖銀行が、そして98年には日本債権信用銀行と日本長期信用銀行が破綻し、経済界もようやく目が覚めたらしく、大手銀行は政府からの公的資金を投入され合併を促進、中小の金融機関などは市場から消えたりもした。日本の経営者はもう少し経済歴史からの教訓を学んでいたらこうならなかったと思う。

今回の提案は、中小企業に重点をおいた「経営者とビジネスマンの心得」ということで、経営者の気構えやビジネスマンの注意事項などを端的に記述し提案した。これは新聞への掲載ほか、各地の商工会議所や経営者協議会などにおける講演会のレジュメであり、その都度No. 1から15までをひと区切りとしての講演資料である。そこで、前述したように端的にアイデアを提案しているので、時には多少重複しているようなところもあると思うが、そのまま記載するのでご容赦を願いたい。

これらの提案が経営者やビジネスマンの日々に、何らかの参考になれば幸いである。

1日たった30秒読むだけでもいい！
どのページからでも使える360のメッセージ
4行に込められた経営者とビジネスマンの心得

1日たった30秒読むだけでもいい！
どのページからでも使える360のメッセージ
4行に込められた経営者とビジネスマンの心得

序章

1　企業の運営にあたって７つの法則
2　企業経営の５要素とは
3　経済の好循環を形成する道筋
4　企業も女性の発想で

1　企業の運営にあたって７つの法則

国際化に伴って企業の生き残りは実に過激な時代である‥そこで運営にあたって、内部での“カイゼン”を、７つの法則で考えてみたい。それには−−、

①お客のニーズを「見える化」する（出荷管理板を使い仕事の情報を全員で共有する）

②仕事のペースは平均値を採用せず、早い人のペースに決定する（一番早い人のサイクルタイムを設定しそして訓練し、作業のバラツキによるムダをなくす）

③製品の停滞をどう取り除くか（日々流れ作業を見直してスピードアップを考える）

④運搬作業のムダ取り（作業の流れを円滑にするため運搬作業の距離を近づける）

⑤作業のムダ取り（作業者一人ひとりの身体の動かし方にムダがないか検証し見直す）

⑥常に計画を見直す（作業員は常に日々の作業量のブレを無くす工夫を考え導入する）

⑦日々作業スピードを上げるよう的確に工夫する（現在のマニュアルを否定し、さらに改善ができないか、作業員は日々熟慮する）

トヨタ自動車などでは常に現況のマニュアルを否定し、より早く、より確実に、よりスムーズに、をモットーにしながら日々作業をしている。

2　企業経営の５要素とは

かつて企業経営に必要な要素として、「ヒト、モノ、カネ」の３つが挙げられていたが、その後、「情報」が加わり、経営を左右する４要素と言われた。だが、情報はいまや、モノと一体化しているともいわれる。というのは、まず商品でもＤＶＤや電子書籍などさまざまな情報が落とし込まれた機器が販売されている。経営の必須な要素としては、情報を「モノに含めるほうが適切」との流れが浮上している。そこで中小企業といえども、この流れを無視することはできないという時代に差し掛っている。ただ情報もそうだが、５番目の要素として、ますます重要になっているのが、筆者は「時間」と考える。

ベンチャー企業にとっても“時間”の重要性は言うまでもない。苦心して投資家から集めた資金を使い果すまでに、商品を市場に出さなければ立ち枯れてしまう。

グローバル＆ボーダーレス時代において、これは大企業とともに中小企業も同列である。経営者は四半期ごとに決算開示を求められ、株主から業績を問われる事態となって久しい。特にスットックオプション（主に上級管理職に与えられる自社株購入権）というニンジンを追い掛ける欧米の経営者は、ますます短期な経済志向となっている。

世界に冠たるわが国の家電業界は、地上波デジタルへの移行と、家電におけるエコポイント（2009 年５月～ 11 年３月）という２つの特需によって売り上げが上昇した。また昨年は消費税導入の前ということで市場は盛り上がった。しかし、ここ数年間を振り返ると、海外ではアップルのイノベーション（技術革新）や、サムスンの巨額な投資が成功し、12 年からは日本勢の完全な敗北が明らかとなり、一部とはいえ日本の電機産業は世界の片隅に追いやられた。特にテレビ・スマホなどでは世界市場でシェアが極端に下落し、家電メーカーは次々と赤字に転落した。以前の特需のあった期間、目先の繁忙《はんぼう》さに時間を忘れ、先行きという時代の展望を読めなかった。今年（2015 年）はアベノミクスによる円安傾向のほか原油安などで日本の製造業は息を吹き返しつつあるが、これは中小企業といえどもこれらの教訓は忘れず、市場への「時間」というものを熟慮してほしい。

3　経済の好循環を形成する道筋

経済の好循環を形成する道筋には４つのアイデアが浮上する。まず第１は「企業の賃上げ」、第２は「製品＆サービスなどの輸出」、第３は「対外直接投資経由での外需の取り組み」、第４は「対内直接投資の促進」である。そこでデフレ脱却、経済再生で強い日本を取り戻すにはいずれの道筋（ルート）でも好循環の持続が重要となる。そこで、それには企業が時代に合わせた事業や製品の転換、また構造改革が欠かせない。

その第１ルートでは、生産性向上に裏付けられた持続的な賃上げが重要で、それには企業がイノベーション（革新）や事業の選択と、それに対する集中などを通じ、高付加価値型の事業構造への転換・再編を実現することが欠かせない。アベノミクスから始まったデフレ脱却という薄明りが見えだした現在はその好機である。消費税増税で反動もあるが、外部の経営環境面での不確実性の低下で、今後はリフレ的な景気回復が持続すると考えられるからだ。また、日米の金利差の拡大や、貿易赤字などを背景とする円安や株高の持続、米景気の拡大予想などがその背景にある。また、企業の潤沢な資金の保有も事業転換・再編を進める上で好都合である。そこでこれを促進するには、「労働（者）の移動を円滑にするという観点から、労働市場の改革が大きなポイントとなる。

第２ルートのポイントは、聖域なき自由貿易の推進に向けて、環太平洋パートナーシップ（TPP）に参加すること。これは社会的ゆとりの拡大こそが国益と考えられるからだ。それには足枷《あしかせ》？　などと指摘されている農業の成長産業化への推進が欠かせない。農地の集約や企業の参入など根本的な改革に踏み込むことが必然である。

第３ルートのポイントは、アジアの主要国並みの水準にまで法人税の引き下げを実行し、立地競争力を高めることだ。それには租税特別措置の整理統合や、赤字法人化する個人事業主への適切な課税などの合わせ技で課税ベースを拡大することが必要だ。

第４ルートは、海外から日本に直接投資を呼び込むために、煩雑な手続きの簡素化や、法人税減額などさまざまな優遇措置を講じながら外資を呼び込む手段を考える。安倍政権は今後、これらの構造改革・規制緩和などを果断に実行し、持続的な好循環を生み出すことになると、先々財政再建にもつながることになるだろうと思う。そこで安倍政権ではどこまでできるのか、手腕を問われることになる。

4　企業も女性の発想で

「男性たちがもっと女性たちのような発想で動けば、世界が好ましい方向に変わる。」この意見に賛成か反対か。米国の調査会社が先進国と新興国で一般の人たちに聞いたところ、世界の平均では男性の６３％、日本人男性だけだと79％が賛成という結果となった。「女性のようなとは、共感、親切、柔軟、献身的といった、これまでは主に女性的と思われてきた資質を指すという。これなどは見方を変えると企業にも当てはまる。

この結果をまとめた著書「女神的リーダーシップ」によれば、仕事での成功にもこうした要素が不可欠になりつつある、と指摘する。変化が早い時代には、さまざまな人たちと軟らかくつながる能力が大事だから、と担当者はコメントする。

月刊誌「日経ウーマン」が、その年に活躍した女性を表彰する「ウーマン・オブ・ザ・イヤー」を発表（13年）した。忙しい中でも使い易い化粧品を開発したり、経済学者を辞めて途上国で企業を立ち上げたり、地方から地元の魚を都会の飲食店に届ける道を開いたり、他者の悩みに共感する力や逆境を糧にする柔軟さが、共感を呼んでいる。

かつて働く女性がリーダーを目指すには「男になる！」ことを求められた。豪気で部下に睨《にら》みをきかし、下品なジョークにも動じず、残業もいとわない等々。先の調査結果が的確だとすれば、今後は「女性に視点」が企業を動かすことになるかも知れない。弱みと思われた面こそ強みになるかも知れないし、女性が活躍する社会をつくるにはそんな視点も役立ちそうだ。安倍政権は「女性活躍の応援団！」なので、今後はチャンス到来である。

1日たった30秒読むだけでもいい！
どのページからでも使える360のメッセージ
4行に込められた経営者とビジネスマンの心得

第1章

フレッシュ社会人に贈る
40のヒント

1 企業が、新入社員を甘やかすのは教育期間中だけである。その後は一人前として扱い未知の仕事で働かされる。新人のスタートはそこから始まるが、その出発点から仕事に取り組む姿勢に問題意識を持つか持たないかで、自分の将来が決まるといっても過言でない。問題意識のない仕事ぶりでは意欲も湧かないし、流される日常生活になる。

2 会社での仕事、ポジションは自分で見つけるべし。新人は皆が同じスタートラインなのだ。そこで言われてからやるようではただの人。仕事の実態を考えながらスピーディーに行動し「若いのにたいしたヤツだ」と言われれば評価も上がり自信もつく。そこから仕事に意欲が湧くしそれによって人生の心構えが出来上がる事も知ってほしい。

3 新しい仕事を始めると今までの不合理な点も気付くはず。その時は上役に対案を出すことが目をかけられるきっかけにもなる。こんな行動が一つでもただの新入社員から一歩抜きんでた新入社員として見られるし、また一目置かれることだってあるのだ。要は過去の成功例の改善ではなく、斬新な改革を伴わなくては企業の停滞は免れない。

4 上役はあらゆる機会を捉えて君たちを観察している。そこでは新入社員当時の評価が後々まで付きまとうこともあるので常に熟慮しながら行動すること。このような心構え一つで、同じスタートラインの新人ライバルに、確実に差をつけることもできる。要は、最初の心構えがいかに大切か、出発点で改めて考え見直すよう心がけてほしい。

5 仕事で一回ダメの烙印を押されたら取り返すのに数倍の努力が必要だ。特に新人は言われたことに対し即刻行動が大切。そこで一言多いようでは「何だ、アイツは」などと、もう周囲から相手にされなくなる。何か言いたかったらまず行動に取りかかり、もしそこで無駄・不合理な点に気付いたら、即刻上役にフィードバックしてほしい。

6 上役の苦言は自分に対する指導・教育と思え。そこで反発する前に即実行で示す必要性があるのだ。常に上役の苦言から逃げるようでは、その姿勢がいつまでも継続される人間になってしまう。これでは周囲から相手にされなくなり居づらくもなる。仕事を辞める大半は人間関係であり、その結果、後の人生にも「敗北感」だけが残される。

7 会社のために自分がいると思うな。会社は君が一人ぐらい居なくても困ることはないのだ。そこに働く場所があることに日々感謝の姿勢を忘れないでほしい。そのような謙虚な気持ちで仕事をすれば、職場も家庭もまた自分でも楽しい生き方になるのだがもしそうでない姿勢で仕事に取り組むと日々不平・不満が蓄積され、長続きはしない。

8 仕事の場所は自分を磨く場であり学ぶ場で、それを忘れては仕事に不平・不満だらけになり、意欲も湧かない。不満で仕事をしていては惨めな結果に終わるだけである。その惨めな結果からますます自尊心が追い詰められ、結局は人生そのものが虚しく敗北感だけを引きずる。虚しい人生観からは、何も生まれないことを肝に銘じてほしい。

9 仕事をする前から自分の好き嫌いだけで選択するな。その仕事が自分にあうかあわないかという選択をするには少なくとも３年はかかると思え。だがその３年間というのも不平・不満だらけで仕事をすれば、後の人生はもっと惨めな、また暗たんたる生活になると言っても過言ではない。日々生き方に意欲があるからこそ仕事も楽しいのだ。

10 ２０代は何事にも興味を持ってチャレンジしてほしい。それに健康の基礎をつくるのも２０代だ。そうしないと４０～５０歳頃から必ずやその影響が出てくると畏友のドクターも指摘する。人生は健康でなければ仕事や生活に意欲も湧かないし諦め・不満だらけになる。日々こんな生活では生き方に価値がないということに気付いてほしい。

11 仕事に「何も問題はない」と思うことが“問題”なのだ。仕事には２０代で問題意識を持つ癖をつけないとこの習慣は一生つきまとうことになる。これでは自己啓発もできないし、日々周りに愚痴は言うけど行動は伴わない人生となる。そしてそこに残るのは「諦めと敗北感」だけだ。至難、苦難、試練は、今後における人生の師匠である。

12 会社は新しい仕事を与えるとき、君がその仕事に対してどう行動するのか、試している。そこでまず自らの考えを提案しプランを立て対処してほしい。未知の仕事に「それはできません」では会社は君をいらない人間と見る。一度、その烙印を押されたらそう簡単に取り返しができるものではなく、先々居づらくなることは間違いないのだ。

13 会社は「いま与えられた仕事に全力投球できないものは希望するポストに移っても満足な仕事ができるのか」という疑問を抱くこともある。会社というものはさまざまにテストしその人物を評価する。仕事に不満だといって投げやりでは会社はもう相手にしない。要はその出発点で排除されるか目にとまるか、ここが人生への瀬戸際なのだ。

14「会社が君に何をしてくれるか？」ではなく、「君が会社に何ができるか」を考えることが前提なのだ。そこで日々思考力を持たなければ、そのまま流されるか堕落するだけである。一度、堕落すればはい上がるのに数倍の苦難が待っているのが世の中である。これらを自覚するかしないかで、先々の運命が決まるといっても過言ではない。

15 決めて入社した以上、一つの会社に少なくとも３年以上勤まらない者は、以後どこへ行っても長くは勤まらないことが多い。もし会社や上役を批判するならば少なくても３年以上経ってから考えろ。そしてそこではただの批判・中傷ではなく、少なくとも現況のプランよりは絶対、異質で自信のある“対案”を出せるように心がけてほしい。

16 サラリーマンは臨機応変が必然である。この対応がうまくできないで“失速・失業”した先輩は数知れない。だがあまりにも上役よりうまく立ち回ると、嫉みが渦巻くのもこの世界、そこには誹謗・中傷がはびこる。度量のある上役ならば「若いのにたいしたもんだ」になるが「俺を差し置いて」となることも多いから気をつけてほしい。

17 会社での仕事は、どんな仕事をしたかではなくどんな結果をだしたかで評価される。うまくいった仕事でも満足するな。そこで自己満足すれば次の飛躍につながらない。人生も仕事もチャレンジがなければ日々流されるだけ。現況に流されるような人生ではチャンスの到来にも決断力が鈍く右往左往し、結局は見逃してしまうことになる。

18 企業（職場）は君にどうなってほしいか、期待像がある。それをいち早く情報収集し具体的に行動しろ。そしてそれに一刻も早く同化し、そこから「異質な個性」を発揮してほしい。企業内でライバルと同じ働きでは価値がない。情報は自らを変えるチャンスだ。そこから違った形態の自分が見えてくるし、行動する心構えが違ってくる。

19「自らの人生はこうしたい」とロングタイムで人生目標を設定せよ。その目標は日頃の問題意識によってレベルが決まる。しかし、そのレベルの高低が問題ではない。自ら構築しようという意識を持つか持たないかで、決定的な違いが出てくる。市場を無視し現状維持や過去の成功例は、即刻衰退に向かうことになることも知ってほしい。

20 会社はいつも君の言い訳や泣き言を親切に聞いてくれるほど暇ではない。困難な現況を打破するにはまず行動し何かを見付けろ！日常生活で考えることが習慣になっていれば生活が散漫となり劣等感も生まれる。そして中途半端で終わる人生となり、残るのは後悔だけである。これでは人間として生まれてきた価値は存在しないに等しい。

21 職場は遊び場ではない。企業は「働きがい」を与えることができても「生きがい」までは与えてくれない。「生きがい」は自分で見つけるものだ。人生に生きがいがなければ生活が散漫となり劣等感も生まれる。そして中途半端で終わる人生となり、残るのは後悔だけである。これでは人間として生まれてきた価値は存在しないに等しい。

22 ビジネス社会はいつも同僚、友人、知人とのチームプレーであることを忘れるな。現況の企業社会ではひとりで仕事ができる筈はない。必ず回りの助けが必要。それには日々周囲に感謝の気持ちを忘れるな。そのことが次の仕事にも生きてくるし生きがいにもつながる。そして結局は自らの成功にもつながる、ということを知ってほしい。

23 人から言われるままの仕事ぶりでは進歩がない。自らのアイデアを駆使して言われた以上の仕事をしろ！それが仕事の鉄則であり自己啓発するためでもある。そういった考えで仕事をしなければ、アイデアも生まれないしライバルにも勝てない。人生にはライバルがいて初めて成功と生きがいにつながる、ということを肝に銘じてほしい。

24 周囲の話をじっくり聞ける人間になれ。現代の若者は人の話を聞けない人があまりにも多すぎる。自分が話す立場になって無視されたときのことを考えろ。自分が話す時に聞いてくれなければ困ると思えば、自然に自分も話を聞ける人間になる。この辺を熟慮し聞き上手になればさまざまな情報も見えて来るし、仕事の要領も理解できる。

25 企業・社会の仕事は一見つまらないと思われるものが多い。しかしそのつまらないと思われる仕事から世の中は成り立っていることを忘れるな。こんなことは無駄だと思われることであっても全力を尽くせ。そうすれば必ず先行きに光が見えてくる。何も行動せず、初めから投げやりな仕事では、達成感という喜びを味わうことができない。

26 どんな仕事でも知ったかぶりするな。段取りが分らなかったらその場で質問せよ。初めは誰でも知らない。その場で質問しなければ知っているものと判断される。そして後で知らないことがばれると、非難はおろか置いてきぼりにされるだけ。そこで「聞くは一時の恥」という言葉があるように、素直に問いただせば必ずや教えてくれる。

27 仕事というものはできると思えば必ずできる。初めからできないと思っている人間に勝ち目」がある訳はない。スタート台にたったら必ず勝つと思ってチャレンジし、そして自分を信じながら未知の可能性を探求してほしい。世の中は過激な弱肉強食の社会。最初からできない、負けるかも知れないと思う取り組みは終焉の世界である。

28 新入社員時代は与えられた仕事にどうしたら良いのか上役に質問し頭にたたき込め。３０歳代では上役に向かって「自分はこう思う。こうしたい」という意見をはっきり言えるようになり、４０歳代ではリーダーとして経験を実践するとき。５０歳代では毅然としたポリシーを持ち、個性あるリーダーになるよう日頃からの努力を怠るな。

29 適性があると思われる仕事を見つけそれにのめり込め。そのためにも努力を怠るな。好きな仕事には夢中にもなれるし面白くもなる。面白く仕事をすれば必ず成果も上がり、そうなると周りも評価するようになる。そのためにも仕事への努力を惜しむな。そうすれば必ず報われるときがくる。仕事への不満から良い結果が生れる筈はない。

30 最初の仕事は誰でも不安はある。しかし不安だからといって何もしなければ職場での落後者になる。一旦、落後者になれば周囲からそのレッテルを貼られかねない。そうなるとそれが後々までつきまとい、はい上がれないことも多々あるのも世の中だ。こんな人生は常に敗北感という影がつきまとい、結局は劣等感も消すことができない。

31 仕事に向かって「自分はやればできる」の信念と自信を持ってほしい。自信を持つから何事もできる人間になるのだ。不安が先行しては絶対に成功しない。スポーツでも勝つと思ってチャレンジすれば結果はでるものだ。一回でも成功すれば自信につながり、必ず次の仕事にも意欲が湧く。達成感とは次の仕事が成功するポイントなのだ。

32 君の意見は仕事の実績に応じて取り上げられるものだ。意見を聴いてほしかったらまず実績を作れ。実績がないのに苦情だけを言う人の意見は絶対に取り上げて貰えない。そのような日々になると精神的にも落ち込み、常に仕事から逃げ出す人生となる。そうなるとますます自らの向上心も消え失せ、結局は日々不満だらけの人生になるのだ。

33 ２０代の給料は自己啓発と友人を多くつくることに使え。若い時、そのことにどれだけ力を入れたかによって将来が決まることもあると先人の言葉だ。熟年たちは自らを磨かなかったばかりに今、後悔している人が実に多い。それが劣等感にもなっており、人生を虚しいものにもしている。新人たちは知識・知恵・工夫力を養ってほしいのだ。

34 何事に対しても学習意欲は絶対に必要。特に新入社員時代にいい加減だった人達は後で誰もが後悔している。仕事の反省は以後の糧になるが、後悔は落ち込むだけである。仕事に対する後悔とはそれ自体、自らの劣等感につながっていくことを知ってほしい。その劣等感を持ち続けると結局は卑屈な人間になってしまうことにも気付いてほしい。

35 常に世の中の動きに気を使え。周囲が知らない最新情報が会社では評価される源になることだってあるのだ。また社会の雑学、歴史を勉強してほしい。話題が豊富で行動力があれば必ず評価される。その中で会話に歴史的な背景などをおり混ぜることによって周囲からは博学とみなされ、社内でより評価が上がるということも知ってほしい。

36 会社で知りえた他人の秘密は絶対に守れ。企業ではこの秘密を守るだけで一定の評価になる。あいつは「口が堅い」と評価されればもっと情報が入り、有利なポジションにもつながる。そしてその情報を素早く吟味し、ビジネスに利用のできる人間になれ。そうなると会社では一目置かれるようになり、この先評価につながることだってある。

37 新入社員の時代には絶対に遅刻するな。会社にとって遅刻は致命的なキズになることは間違いないし、もうそれ自体で低評価されることも多々あるので肝に銘じてほしい。現実に遅刻癖があることで、仕事もろくにできないと評価されてしまうのも勤め人の宿命。企業からサラリーをもらっている以上、これが世の中であり会社というものだ。

38 厳しい上役についたときは指摘も厳しく、落ち込むことも多い。しかしこれは自分に対する「真心のムチ」と思って修業してほしい。仕事上、何か指摘されたとしても自分には絶対に非がないこともある。しかし相手だけを恨むという露骨な態度は間違ってもするな。相手も「悪かったな」と気付いていることもあるので度量を持つことだ。

39 新人時代は上役に甘えろ。厳しく指摘されたからといって敵対心を持つより、甘えてくればどんな人にも嫌とは思われない。またどんな事があっても結局は、周りに可愛がられたほうが得策に決まっている。人間性として「自分は嫌」かも知れないが、情けないけどこれが「サラリーマンの鉄則」であるということも肌で感じてほしいのだ。

40 嫌な職場から誰でも退社という手段で逃げ出すことはできる。だが、それを我慢ができない人間はいつでも逃げ出すという癖がついてしまい、その後も逃げ出す人生になると体験者は言う。世の中の仕事の８割、９割は、できればしたくないと思える嫌な仕事から成り立っている。これが現実社会だということを自覚し取り組んでほしい。

第2章

プロを目指すビジネスマンに贈る
92のヒント

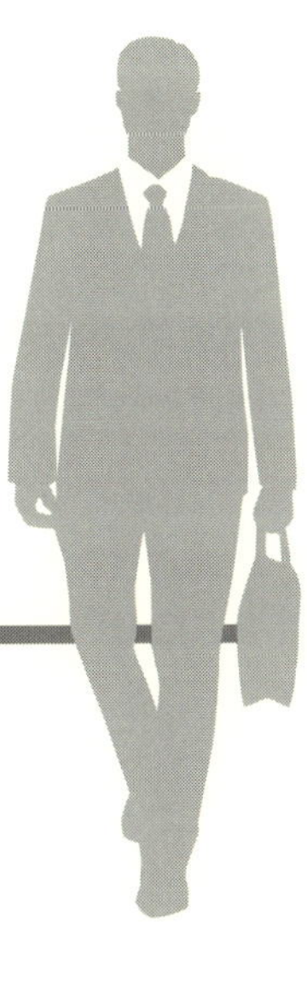

1 営業マンは相手先で評判をとるように心がけよ。「良い、悪い」の評判は回り回って必ずや上役の耳に入る。そこで一旦良い評判がたったらしめたもの。ヘッドハンティングや転職には絶対有利になる。そのコツは何といっても自分の上役を褒めること。間違っても相手先で悪口は言わないこと。これが日々サラリーマンの絶対的掟なのだ。

2 人間は失敗するとそれを反省材料にして奮起するか落ち込むかの二つに分かれる。そこでまず基本・原則に戻って体を動かせ。そして体を動かしながら考えよ。沈痛・妄想に浸っているうちは何も生まれてこない。自己否定せず、自己革新と自己啓発に取り組めば必ず先が見えてくるもの。失敗に落ち込んでいては、良い結果は生まれない。

3 仕事・生活のマンネリ化は自己に対する甘えと現況からの脱却を熟慮しない人生に浸っているから、これでは流される日々になる。人生は常に一期一会を糧にチャレンジしなければチャンスは訪れない。チャンスにも気づかずモノにできない人生では、不平・不満だらけの人生になる。その生活からは感動や進歩、行動力などは生まれない。

4「人生は思った通りになる」と賢者。人生を思った通りにするには日常の出発点から綿密な計画を立て、常に目標に向かって邁進することである。漫然と過ごしている人生にチャンスは生まれない。思い通りにならない人生は“思い方”が足りないから。その結果、人生に幸せや喜びという感情もなく終焉時に残るのは敗北感だけである。

5 最初、誰でも社会に夢と希望を持つものだ。しかしこれがだんだんとマンネリ化し、諦めの人生になるのが大半。だからこそ、そこに人より抜き出るチャンスが潜んでいることに気づいてほしい。そこで挫折した時にはもう一度、初心に返って目標を設定すること。人生に目標がなければ何も生まれてこないのでそれを肝に銘じてほしい。

6 日々、本や新聞を読んで社会動向を把握し、そこから時代における方向性の意味合いを熟慮し、何か新しいビジネスチャンスに結びつかないか吟味せよ。日常これらを怠ると自らの仕事も停滞し、経営者や従業員にも劣等感が蓄積されるはず。仕事や生き方にプライドもなく、劣等感を持ち続けていては、間違いなく良い仕事はできない。

7「時間がない」という人間に限って目標もなく無計画でムダが多く、また生きがいも見つけられずその日暮らしなのだ。そしてその生き方には生産性もなく、酒・パチンコ・賭事などの遊びに没頭している人達も多い。家庭での会話には社会性のある話題もなく漠然とした日々で、学習意欲もなく自己啓発に費やしている時間は無に等しい。

8 どんな失敗にも必ず原因がある。言い訳せずその原因を即探求せよ。それを怠ると次の機会にもまた同じ失敗を繰り返す。そこで次回はその失敗を糧に応用しながら取り組め。チャンスがきても工夫しながらチャレンジしなければ、結局は通り過ぎるだけである。その結果「革新・進歩・改善・改革・工夫」などという実態は生まれない。

9 仕事には必ず「自己責任」と「結果責任」が問われる。仕事の失敗はただ謝ることではない。そこには自分が何らかの不利益を受けることだということを知ってほしい。これを肝に銘じながら次の仕事に取りかかれ。このような心構えで仕事をすれば、成功率も高くなるほか責任感も生まれ「結果責任」という重大性も理解できると思う。

10 仕事の失敗は相手のせいにするな！それではいつまでたっても、現場から逃避する人間になってしまう。問題があるから、そして段取りを考え行動するから成功したときの喜びが倍増されるのだ。日々、仕事に問題意識がなければ成功しないし流されるだけ。流されるだけの人生であれば自己啓発もできないし結局は漠然とした人生となる。

11 決められた仕事はまず文句を言う前にやってみろ！ 本来、仕事は嫌なものだ。しかし初めから嫌だと言ったら何事も進まないし周囲から信用されない。その結果、「ダメ人間」の烙印を押されるだけである。最初からダメ人間、意欲のない人間という烙印を押されたら、信用回復するまで長い年月と、数倍の労力がいることを忘れるな。

12 仕事は「こういう障害があるからできない」などと言い訳する人間になるな。「この問題点さえうまくクリアできれば必ずできます」という人間になれ。今、企業はこのような人間を望んでおり、それに答えられるような仕事をすることによって信用もされる。一度周囲に信用されると、仕事も人間関係もうまく行くことを知ってほしい。

13 企業での姿勢はまず積極性、責任感、自主性、企画力、リーダーシップ、報告、行動力、協調性、文章のまとめ、などが査定項目に織り込まれる。これらの項目を完全にできる人はいないのだから、そこで早く得意な分野を見付けだし習得するのがコツ。この項目のうち１つでも周囲から評価されようになると自信も湧きやる気も起こる。

14 会社は仕事上のトラブル、対人関係のトラブルはもちろん、ギャンブル、酒、異性問題、個人的なカネのトラブルなども人事・出世の考課とするので生活態度にも気をつけてほしいし、これが世の中というものだ。そこで一旦おかしな評判や評価を受けると元に戻すには数倍の努力が必要になる。そのため常に日常生活も気をつけてほしい。

15 社内恋愛はご法度とは言わないが、すこしでもトラブルを起こすと間違いなく男性は左遷され、女性は辞めざるを得ない場合が多いのも日本企業の特徴。このことは今でも多くの企業に存在するので、このことを日々認識してほしい。実際、こんなことでクビになった先人たちは数知れないのだが、これらも日本企業の風習・慣習なのだ。

16 何事も「自分だけは大丈夫。俺の仕事は完璧」などと思うな。有頂天になって足をすくわれることが世間では当たり前なのだ。その足をすくわれたらそれは「自分にスキがあるから、未熟だから」と考え反省してほしい。反省することによって次につながることもあるのだ。やった相手をいくら恨んでも自分に実利ある進歩はないのだから。

17 会社や仕事に苦情の多い人は世間に対しても不満が多い。「あの人はいつも文句を言っている」と陰口をたたかれる人はどこにでもいる。そこで何か意見を言われたとき「わかった。それではあなたの対案を文章で出してください。参考にします」といえば大抵の人は沈黙する。だが、これをはっきり文章にできる人がいたら見込みがある。

18 人との出会いが人生を変えることもある。初対面の印象が極端に悪くないなら露骨に毛嫌いしないでほしい。人生に１００人の友人がいれば無敵とも言われる。出会いから始まりお互い信頼から尊敬に、畏友となるような関係になれば生き方まで変わる。お互い信頼しあえるビジネス関係を作るためにも日々の対応を惜しんではならない。

19 パーフェクトな条件のもとでできる仕事などはこの世間にない。最初はその障害になっている問題点を取り除くことが仕事の始まり。それができれば仕事の半分は終わったも同然だ。だが、そこからが熟慮のしどころで、その仕事にいかにして付加価値をつけるかが問題。それによって仕事に対する満足感や達成感が生まれてくるものだ。

20 仕事のできる人間はどんな時でもそこに障害があるからできないとは言わない。その障害を取り除けば必ずできる、そこに成功のポイントがあると行動する。言い訳は次の失敗を助長するキーワードであり、二度繰り返すと劣等感が付きまとう。一度その劣等感が頭脳にインプットされると、立ち上がるのに数倍の努力が必要になるのだ。

21 どんな仕事や勉強でも一つの問題で１００の事例を発表できれば、それはその道の権威、そしてプロとして周りが認めるようになる。普段やっている仕事は「頭を使わなくてもできるようになるよう頭を使え」。それが後になって仕事の流れがスムーズに行くという要因になるから。それができるかできないかで周囲の評価も違ってくる。

22 権威、プロと言われる人からは自慢話でも良いからじっくりと話を聞くようにしろ！それらをバカにしているようでは、結局自分のバカさ加減を披露しているようなものだ。人を非難しても自分が良くなる訳ではない。このように考えることができれば進歩につながる。それを日々心がければ、結果として方向性が見えることは間違いない。

23 ビジネス世界では現場をバカにするな。現場に出て初めて分かるものも多いからだ。そしてそこでは全力投球を心がけよ。必ずや自分の未来につながる要因が隠されているはずだ。話やシミュレーションはあくまで空想や机上のプランだけで、現場ではそれにないことが起こりやすい。そのときどう対処するのか、そこで力量が問われる。

24 始めからパーフェクトな人間はいない。だから、自分ではあんな仕事はしないと思っても人の悪口を言うな。人を誹謗・中傷すると、後で自分に３倍の形で跳ね返ってくることを肝に銘じよ。それより相手を褒めるほうが、結局いい結果につながることを知ってほしい。褒められて悪い気がする人はいないのだから、この辺がポイントだ。

25 ビジネスに秘密は必ずついて回る。仕事のこと、会社のこと、知り得た秘密は絶対に守れ。これを確実に守ることができればいつの間にか信頼も増し、将来は信用という要因になって跳ね返ってくるものだ。要は「あいつは口が堅い」と評価されるとビジネスマンの社会では信頼につながり、仕事もスムーズに運ぶことが多くなるはずだ。

26 自分の意見をはっきりと主張せよ。「自分はこう思う」と言える人間でなければ人の上には立てない。ただし他人の意見が自分の意見・主張より、その仕事をする上で、相手の方がよりベターだと思われる意見には、即刻勇気を持って撤回することを心がけてほしい。ビジネス社会では引き際もいかに大事かということを忘れないでほしい。

27 早く自分にあった仕事を見つけるよう努力しろ。そこから意外性も生れるものだ。俺はこんなこともできるのかと。「スキこそモノの上手なれ」の格言からしても好きな仕事は、どんなにきつくても意欲が湧くものだ。それを早く見つけだして没頭すればいつかはその道のプロになれる。その結果、周りからも尊敬される日々が必ず来る。

28 仕事以外にも生きがいを見つけ趣味などを通して異色のある友人をつくってほしい。仕事が趣味という人間はどうしても周囲に友人もなく、リタイアした後の晩年が寂しい結果につながっていることが多い。「モノの豊かさから心の豊かさ」、そして「心の健康」を求めてほしい。人間は晩年が幸せな人生ほど心が癒されることはないから。

29 消費者動向、市場動向、自己啓発するためには自分の金でやれ。人の金でやったり会社に言われ仕方なくでのお付き合いでは絶対に身が入らない。実際、自ら進んでやらなければ意欲も湧かないし、いやいやではよい結果が出る訳がない。商売とは知力、体力、気力、努力、以外にない。その総合力こそが「結果」をもたらす要因なのだ。

30「人生はローソクになれ」という諺がある。これは「自分の身を削っても周りに光を与えよ」の意味だ。人生はいざというとき、自分を犠牲にしてもやらなければならないこともある。この辺をしっかりと理解し、日々行動できれば周囲からも尊敬され、頼りにされることも多くなる。そのような人生には間違いなく「心の癒し」がある。

31 人生の後半は、少しでも社会の木鐸《ぼくたく》になれるよう努力してほしい。そして自己満足でもいいから世の中に「何かを残した人生」にしてほしい。それが達成されるよう日々努力し、人生の終焉を迎えてほしいものだ。これらを熟慮しながらの生き方と定年後、ただ漠然とした生き方では雲泥の差が生まれてしまい、最後は後悔する人生になる。

32 世の中は一蓮托生という形態で出来上がっているものだ。しかし長い人生では四面楚歌になることも多々あり、だが必ず助けてくれる人もいるということを忘れないでほしい。そこで普段から信頼のおける友人を確保しておくのがベターなのだ。人生にピンチは数知れずあるものだが、そこで悲観論者か楽観論者かで人生観も違ってくる。

33 現代ビジネスマンのステータスは①タバコを吸わない（米国では肥満とタバコを吸う人は出世しないと言われる。自己管理ができないから）②適度にスリムなこと〈身長－１００）×０．９が標準±１０％〉③酒には絶対呑まれないこと(評価は私生活にまで及ぶ）④洋服およびワイシャツの着こなし⑤話し方・聞き上手。この当りが必然だ。

34 自分の仕事は勿論だが博学になるために周囲に興味を持つこと。知識・知恵は自分を磨くから湧いてくるのであって磨かなければそれまで。普段から啓発している人を見れば一目瞭然だ。結果として人もついて来るし成功の確率も高い。どんな交渉においても、どちらか一方が１人勝ちすることはないが、博学であれば勝つ確率も高くなる。

35 時間には正確な人間になれ。このことをしっかり守れなければ誰も信用しない。人間の信用は目に見えない宝である。会社で遅刻する人は常習者でありいつも決まっている。そのような社員は間違いなく信用されていない。信用されない人生は敗北者という烙印を押されても仕方がない。これは内心本人も自覚していることが多いのだそうな。

36 仕事は「自己責任」がついて回る。できないときに「これこれなので失敗した、できなかった。相手のせいだ」では言い訳に過ぎない。言い訳の多い人はいつも決まっており、そしていつも現場から逃げている。しかしそのとき逃げたとしても結局はまた同じ憂き目にあうし、後々信用されなくなる。その結果、痛い目に合うことも多い。

37「ちょっと無理かも知れないが……」という仕事を依頼されても初めから「無理です」と否定するな。じっくりとプランをたて「これこれがクリアできれば大丈夫です」「このことができるアシスタントを付けていただければできます」など熟慮し、相手に聞き入れられるような条件を提示することが、事の始まりと考えると達成されやすい。

38 世間には自分の意見がないのに人を中傷する人が多い。そこでこの解決方法は「それほど言うならあなたの意見は？」と聞き返すことで案外解決されることが多い。自分が反対の立場にたったときは、しっかりとした対案を持っていなければ相手を説得できない。実際、相手を中傷・批判だけでは、ただの「理屈屋」との評判が立つだけだ。

39 最近、日本企業も管理職に年俸制を取り入れ始めた。この実態、最終的には数字のみで評価される時代の幕開けである。常に「融和」を重んじてきた日本的経営が崩壊し現実に「仲良しクラブ」では競争社会に勝てないサバイバル時代に入ったことを意味し、周りに依頼心を持つ時代ではなく切り開くのは自分の考えと行動力以外にはない。

40 日本の風習「沈黙は美徳」ではない。周囲に宣言し自分にプレッシャーを掛けろ。そして確実に実行する人間になれ。だからこそ行動する前にじっくりプランをたてろ。世間には苦情を言うだけで何もしない人が多過ぎる。そんな人間を企業では必要とはしない。即刻、リストラの対象になることは間違いないから、気を緩めないでほしい。

41 職場では何事もまず体を動かしてから考えよ。その習慣は思考するとき行動することによって生まれてくる。シミュレーションではどんなに画期的なプランでも、いざ現場では思わぬハプニングが起こることも考慮に入れておくことだ。その心構えができているかいないかで対処の仕方が違ってくる。この辺を背景に熟慮しながら行動を。

42 生きるということはその間に何かを学び、何かを作り出し、何かを後世に残し、伝承して行くことでもある。これを達成したと思える人生は心豊かな晩年と察するが、熟慮しても残すものが何もない人生は結局、終焉近くになって後悔だけで終わるのだ。誰でも後悔はしたくないもの。そのことに早々に気付き行動するかしないかである。

43 人生は野球のダブルヘッダーのようなものだ。育てる第一試合は親の責任だが、第二試合は自己責任で戦わなければならない。しかし、最近はロングラン人生なので第三試合まであることを考慮してほしい。この第三試合、要は定年後をいかに楽しく、また心豊かに過ごせるか、高齢社会ではこの人生後半が重要なポイントになってくる。

44 最近のビジネスマンはその仕事のプロフェッショナルが求められる。リストラが日常化し、転職が当たり前の時代では普段から得意分野を作りプロ意識を持ってほしい。このような意識によって知識、能力に磨きがかかり他と差がでるのだ。そこで「これだけは誰にも負けない」という分野があれば精神的にも余裕が生まれてくるものだ。

45 職場では自分から仕事に意欲を示し伸びようとする姿勢が見られなければ、周囲から置いてきぼりにされるだけだ。相手にされず置いてきぼりにされる人生は悲惨である。そうならないためにも職場の雰囲気を熟慮し、率先してルールや決められた行動などを怠ってはならない。やがてこの姿勢が上役などから認められると出世の要因となる。

46 自分の欠点はなかなか気付かないものだが、それを即的確に言えるような人間になれ。誰でも自らの欠点を捜し当てるのは難しいものだが、普段から欠点を自覚しながら対応してほしい。それを理解し行動できるようになれば初めて人間性が一人前。それらを克服しようと日々努力をすれば、間違いなく周囲からの評価が上がると思えるのだ。

47 相手を説得するには知識・知恵・工夫を会得してほしい。相手がそれを見抜けば一目置かれるし説得する第一歩は相手の話を聞くことである。相手の言い分を取り入れながらの説得は一番効果が発揮される。相手の意見を否定するだけでは何も生まれない。反対意見に対案を出すことができなければ決別が目前で、中傷または批判だけになる。

48 現代のビジネスマンはコミュニケーションビジネスに注目してほしい。根底にあるものは人とのつながりで信頼されるのが原則。勿論今までもこのようなビジネスはあったが「あいつに任せておけば大丈夫」が最高の武器でる。相手の信頼を勝ち取るのは容易ではないが、その背景には自己啓発ほか蘊蓄《うんちく》が潜んでいることを知ってほしい。

49 営業のプロはその道では誰よりも豊富な知識と経験を持っている。これは与えられたものではなく自らの経験から勝ち取ったもので、その仕事が大好き人間になったからプロになれたのだ。そこまで行くのには人に言えないような苦難を乗り越えたからこそ、職業として成り立っている。安易な考えでは即脱落、要するにプロにはなれない。

50 言い訳をしない人がプロというもの、責任を転化するような人はプロではない。どんな障害があっても一定の仕事を達成する人がプロなのだ。そこでそれを仕事にしている以上、決断・行動力が速くチャンスを逃さず、まずは対応すること。この当たり前と思えることができず、挫折している営業マンたちが多々見受けられるのが現代社会。

51 会社ではどのように仕事をしたかでなく、どのような手順で良い結果を出したか、それで評価される。そこで日々貪欲に情報を収集し今の姿勢・対応を否定し、日々自己啓発しながら対処する人間が評価される。その姿勢が将来、他人に差をつける主因となる事もあり、その心構えを常に持ち続けながら行動することが必然と考えてほしい。

52 困難な仕事を与えられても逃げないのがプロ。普通の人間は困難な仕事が来ると最初から逃げ腰になり、その姿勢が結局はマイナス方向に向わせる。職業として自覚している人は模倣ではなく、人と一味違ったものを提供するという心構えを常に持っている。これがプロの自覚であり、それが成功要因になるということにも気づいてほしい。

53 素人は「これこれの障害があるからできない」という。プロは「これこれの障害はあるが、それを取り除ければ絶対できる」と考える。素人は他人の意見に左右されやすいがプロは相手の話をじっくり聞き、より以上のアイデアを相手に与えるのが自分の仕事と考える。思っている仕事と違うので「できません」では今後、相手にされない。

54 素人は仕事に計画性がないため失敗も多いがプロは必ず実績を出すよう熟慮しながらプランを立てて仕事に入る。仕事で困難にぶつかったときダメだと思うのが素人だが、その困難が自分にとって「絶対的チャンス到来」と考え、行動するのが仕事人の生き方なのだ。この考えと根性が構築されたとき、プロとしての心構えができたと言える。

55 素人はやり直しがきくがプロはきかない。素人はとにかく出来上がれば自己満足するが、プロには失敗は許されないので、一期一会のスピリットで仕事に向かう。結局この姿勢があるからこそプロとして認められ、心構えにも変化が生じる。一流のホテルマンはお客に絶対「できません」とは言わない。必ず「こうするとできます」と話す。

56 途中で困難に出会うと諦め投げ出してもいいのが素人。プロは絶対諦めてはいけないし、投げ出しては評価も下がり仕事もこなくなる。最後まで食らいついて成果を出すという姿勢を示すことで周囲もプロとして認める。周囲がプロとして認めれば仕事も入るし、本人もその仕事にプライドを持てるようになり、生き方にも自信が生まれる。

57 素人は失敗すると他人のせいにしたり、悲観的な言い訳を並べ「だからできなかった」と正当化に終始する。だがプロは基本・原則に立ち返って繰り返しチャレンジし、失敗の主因を捜し当てる。仕事のマンネリ化は時代の変化にチャレンジしない自分が原因である。このことを肝に銘じ、自覚しない限り、プロとしての仕事師にはなれない。

58 プロは経験から勘を働かせるよう日々自己啓発し、体験と理論武装を怠らない。まず相手に対話で負けたら仕事までストップするかも知れないということを経験から知っている。そこで普段から情報収集・分析し、市場調査を怠らないほか綿密なプランをたてて実行する。しかし生き方や考え方には充分にゆとりがあるのも職業プロなのだ。

59 仕事には常に「自分はできる」という執念を持つこと。そうしなければ「仕事師」にはなれない。この心構えで仕事に向かうとスタートが皆と同じでも結果には明らかに差がつく。そこでその職業のプロになった以上、人に対し説得力を身につけよ。それにはまず相手の話をじっくり聞くことから始まるということを絶対忘れてはならない。

60 仕事というものは自分が完全にできるだけなら半人前、素人を完全に教えられてやっと一人前。そこで素人を一人前にしてからリタイアしてほしいのだ。経験とそこで得た知識やテクノロジーを後輩に伝達して初めて心身とも満足なリタイアになると思う。人間の一生とは、自己満足でもいいからこれらをやりおえてから終焉してほしいのだ。

61 経営者との懇談。「多少仕事ができなくても３０歳代までは大目に見る。だが４０歳、５０歳を超えた社員の３０％は給料に見合った仕事をしていない。この辺がリストラの対象だ」と辛辣に話す。この厳しい現実、バブル以後は年功序列は崩壊し、プロフェッショナルな人材が求められている。「自分は何ができるか」、もう一度考えよう。

62 世の中は資格ブームである。だがこれを企業で活用できなければ、「うちでは惜しい。ほかで活用したら」と言われることもある。単に資格を持っているだけでは満足せず、会社にとっていかに有益かを売り込むことが大事。また普段から取引先などに「自分はこのような資格を持っている」と、それとなく自己ＰＲすることも心がけてほしい。

63 「俺は仕事ができる」と過剰な自信は禁物。そういう人は往々にして周囲の変化が読めない「井の中のカワズ」、これに気付かないことも多々ある。この仕事は俺以外にできないという態度をとらず、周囲に教えることが大事。そういう人間関係を作っておくと、自分に何か問題が起こった時も率先して助けてくれる人間関係が出来上がる。

64 こんな社員は失格の烙印を押されると知人コンサルタント。①社内報には関心がない②いまの経営者はどこに関心があるのか、考えたことがない③公的資格やアイデアを持っているのに社内で披露したことがない④自分は仕事ができるので間違いなく会社は必要としている⑤周囲の同僚達がどんな仕事をしているか関心を持ったことがない。

65 ⑥自分は専門バカでいいと思っている⑦忙しいといって情報を収集しない⑧情報があっても利用しない⑨社内で派閥活動をしたり特定の人物にのめり込んでいる⑩上役と仕事以外の話はしたことがない⑪一度もプライベートなどに誘われたことがない⑫上役や同僚から仕事の情報をもらったことがない⑬上役などから忠告されたこともない。

66 ⑭同僚は忙しいが彼の仕事なので手伝ったことがない⑮煩わしいのでプライベートに付き合わない⑯就業規則に目を通したことがない⑰労働組合はどんなことをしているのか興味がない⑱今の会社に是が非でもしがみついていようと思っているので、常に失敗しないよう行動している⑲ニュース・新聞・雑誌などから情報を得たことがない。

67 ⑳人と対話することが苦手㉑新しい仕事に挑戦する気持ちがあっても結局行動しない。などだが、これが労働する人間としてどういうことなのか、じっくりと考えてほしい。このことが１つ１つ理解できることによって今までの自分を振り返ることができ、また自分の生き方や仕事への対応力、行動力、思考力、分析力なども違ってくるはずだ。

68 ２１世紀のビジネスマンは、①英語力②ＩＴ戦略③財務。これを三種の神器と位置付け徹底的に学んでほしい。これらをマスターできれば完璧なのだがそう簡単ではない。でも、周囲に差をつけるにはそれくらいのことをしなければ勝てるはずもない。結局、諦めや言い訳だけを並べる人間性からは、間違いなく敗北者だけが求める結論が浮上。

69 自分力で結論をだせ。「転勤を命ぜられたが行きたくない。妻が反対している。どうすればいいか」。こんな低レベルな質問が某マガジンに載った。「自分で結論をだせよ。女房を論理だてて説得しろ。そうでなかったら辞める勇気はあるのか。なかったら行くしかないだろう」と思うのだが、その回答「奥さんとよく話し合って」だった。

70 人生には何か夢中になれるものがあれば、そしてそれが少しでも世の中で役立つものであれば少々自己満足してもいい。物事に初めから１００％の力で立ち向かって行こうとすれば長くは続かない。人生には知識のほか「家族の絆・助け合い、チャレンジ、知識、知恵、精神的なゆとり、地域社会への奉仕、反省、伝承」などが必然と思える。

71 野球の投手は初めから１００％の全力投球はしない。その都度、打者に対して投げる球の駆け引きや、その後の展開などを頭で考慮しながら投げる球の組み立てを考える。それがうまく行ったときには完投できるのだという。これは人生でも企業でも同じだ。生き方の構築、周囲との妥協、仕事への心構えなどが人生におけるターゲットである。

72 仕事にはまず目標を設定し、そして順序よく段取り、時間、価格、品質、納期、および季節感などを考慮し、細分化してから行動に移れ。言われたからといって漫然と仕事をしていては良い成果は生れるはずがない。満足できる仕事ができなければ周りから相手にされなくなり、これが精神面に蓄積されると結局は不満だらけの人生になる。

73「相手を中傷することは間違いなく嫉妬心と快楽からである」とは英国の詩人。だがそれらの行為を熟慮するとそこには人間性としての進歩が見当らない。聞いているほうも初めは野次馬根性から相槌を打つが、そのような人はいつものことと気が付き嫌がられる存在となる。そうなるとだんだん相手にされなくなり、弾かれる事態となる。

74 人生においての不平・不満は絶対になくならないものだが、常に不満を持って生きている人生は、ことごとく虚しい生き方以外のなにものでもない。それより「自分が心豊かになった」と思える時の夢をみて、それを追い続けるほうが努力のしがいがある。人生とは、物質だけの豊かさではないことに気付いているほうが、遥かに幸せである。

75 人生には何事もこれでいいということはない。徹底的に身銭を切ってまでも自分を磨くよう努めてほしい。モノは消えても、いったん身についたものは簡単に消えるものではない。そこで会話でも人よりも博識があり、それに加えて行動力があれば、自然周りからも尊敬される。このことに人よりも早く気づきアクションすることである。

76 自から目標を定めチャレンジする。このような心構えがなければ生きがいのない生活になる。生きがいのない生活では気力もなく漫然となり、そうした生活からは何も生まれない。このような人生で終焉したら結局は後悔だけが浮き彫りになる。振り返ってリタイア後、反省はしても後悔はしないという心豊かな晩年を送りたいものである。

77 企業ではまず決められたことを守ることがスタート。仕事はこれが絶対の義務であり、決められた内容が悪いと言って苦情が先では信用されない。まず実行が先決で、そこに不都合があれば初めて会議などで現場の意見を言うように心がける。そしてどうしても改善されないようであれば対案を文書で出すよう、これを基本姿勢にしてほしい。

78 交渉を成功させる手段として①正確な情報を収集し対策を練る②周囲の意見も聞き入れながらシミュレーションを行う③自分の意見をしっかりと構築する④最初は聞き上手に徹して妥協点はないか熟慮する⑤会話はあいまいにせずはっきりと話す。これらをしっかり持ち続ければ途中で自らの意見が混乱しなくなるので、信用が増すはずだ。

79 現在、置かれている立場には余程のことがない限り感謝の気持ちを持つ。仕事、生活に不平不満ばかりを持っていると、人生の終焉までその精神を持ち続けることになる。世の中が悪い、会社が悪い、他人が悪い、などと言ったところで自分の価値は上がらない。周囲に日々愚痴を言っているのでは仲間外れで孤独、世間からは信頼されない。

80 日本では「沈黙は金」といって自己ＰＲに否定的な考え方だが、欧米ではそれができないと無能と見られる。だから自分は「これこれができます」などとあまりできなくても、実にオーバーに自己ＰＲする。日本人はできても「いやぁ～、そこまでは」と自己否定する。この日本的慣習が国際社会では通用しないということを知ってほしい。

81 自分のやっていることについて、ハナから悪いと思っている人はまずいない。むしろ逆に、この方法こそが正しいと確信してやっているのが大方だ。ところが一方で、周囲は仕事における現実のすべてを把握している訳ではない。その時しか見ていないのが現実だから、行動人間は周囲から誹謗・中傷が多いのもビジネスマンの宿命である。

82 仕事はいかに楽しくやるかが大切。いやいや取りかかれば、グッドアイデアや知恵は浮かんでこないし疲労感だけが残る。自らの知恵・工夫をだし、自分が完成させることによって仕事は楽しいものになっていく。現場で「仕事をやらされている」では日々マンネリ化し、その現場からは改革・改善という考えは、浮かんではこないものだ。

83 現場での達人と言われる人が過日「何で言う通りにやるんだ」と怒っていたのを見たことがある。後で話を聞くと「いや〜、教えた通りではなくそこに自分の考えを入れ『こうしたほうが速くなった。やりやすくなった。便利になった。より正確にできた』などだんだん自分流の考えを入れながら仕事をしてほしいから」という。達人は深い。

84 仕事はまず決められたことをきちんとやってみる。やってみないうちから「こんな作業は無意味だ」は通用しない。まずやってみて初めて不都合を感じたり問題が起きたりすることも多々ある。そこでいいのかムダな作業かを判別し、問題があれば「ここはこうした方がいいのでは」などと上役などにフィードバックするようにしてほしい。

85 仕事をやらされている」と感じるのは、自分の考えが活かされていないからである。ということは、自分の考えをそこにだしていないのではないか。そこで仕事でも人との付き合い方でも「新しいやり方、付き合い方」はないものかと工夫するのが問題解決のコツ。「やらされている」「付き合わされている」では苦痛以外の何物でもない。

86 仕事は一番嫌なことを先にするという癖を全社一体となって身につけてほしい。どうせやならければばならない仕事なのだから、気分の乗らない仕事ほど真っ先に素早く済ませるようにする。このような行動力によってストレスをためずに軽くすることができる。嫌な仕事ほど後回しにすると、よりストレスが蓄積されることを知ってほしい。

87 職場の机や自分のカバンの中など身の回りには、過去には必要だったが今は必要がないのに積み重なったりしている書類が多いものだ。これを日々整理し、書類の数を減らす努力が必然である。それを怠っている人ほど机に書類が山積みとなり、仕事の能率が上がらないものだ。役所などは今でも書類に埋もれている実態が浮き彫りになる。

88 電話、会話は最小限に簡潔にすべきだが、相手に伝わるような会話力も日々工夫してほしい。電話などでは何を言いたいのか、理解できないことも多々あるが、これでは商談などは失格である。そこで電話や会話など話をするときには、自分は何を言いたいのか、あらかじめ言いたいことをメモし、頭の中でまとめておくようにしてほしい。

89 自分で自分の気持ちに限界を作らないでほしい。「もうダメ」と思えば間違いなくダメになる。しかしその自分勝手に構築した「限界」という壁を取っ払い、それを超えればできると考えてほしい。それには何事にも深刻にならず、新しい物事や情熱に触れながらリラックスし、人生に、仕事に、また遊び心をもって日々を過ごしてほしい。

90 自分の悲観論から脱却するには、様々な人との対話が実に大事だということを知ってほしい。それには常に周囲との対話力を身につけ、それによって自分でも気付かないような収穫が生まれることも多々あるものだからだ。何気ない対話でも自分の考えにない考え方や気付かない場合など、そこからヒントが生まれることも多々あるものだ。

91 労働には知識のほか知恵がなければならない。その知恵とは知識をつなぎあわせながら日々構築するもので、それを自らの糧にしてほしい。その過程には卓上のロジックばかりではなく、未知の体験による経験の積み重ねがあり、その経験が出発点となる。これが意識しなくても進行するようになると仕事もスムーズとなることは間違いない。

92 仕事には日々、高い視点と広い視野、そして情熱がなければ気持ちの面で脱落が始まる。その脱落が始まるとはい上がるには、その数倍の労力が要ることを知ってほしい。何事も諦めが先にくるような人生では敗北者という烙印を押され、周囲とスムーズにいかなくなる。そうなるとますます落胆し気力まで落ち込むことを知ってほしいのだ。

1日たった30秒読むだけでもいい！
どのページからでも使える360のメッセージ
4行に込められた経営者とビジネスマンの心得

第3章

創造する経営者に贈る 228のヒント

〈1〉情報化社会に適応するための22のヒント

〈2〉歴史と社会に学ぶ14のヒント

〈3〉苛烈な企業競争を生き抜くための１９２のヒント

〈1〉情報化社会に適応するための22のヒント

1　現代は完全な情報社会、これを怠って市場から消えた企業は数知れない。日々収集アンテナを高くし誰よりも的確な情報を先取りし分析。そのためには情報収集に費用をかけ仕事の糧にしてほしい。情報化時代にそうでもしなければライバルに勝てない。情報に「知恵と工夫」を駆使し、自社の仕事に結びつけるよう即刻行動してほしい。

2　あらゆる情報・流行に敏感になってほしい。世間の流れが分からないようではみすみすチャンスを放棄しているようなもの。そこでチャンスをモノにするには経営者はもちろん、従業員一人ひとりの情報収集力と、その行動力にかかっている。消費者の流れに対応できず、情報収集や検討を怠るようであれば、先行きに明るさは訪れない。

3　現代は間違いなく情報化時代、その情報は宝の山。これをいかに素早くそして正確に収集、分析、検証し、どのような形でフィードバックしてビジネスに反映させるか、これが絶対的キーポイントだ。情報の選択能力は見聞を広めることから始まる。そして、その情報を製品に反映させるには早いもの勝ち、対応は人間性まで反映される。

4　とにかくモノが売れなければ商売にはならない。そこで売り込み先に対しての情報収集能力、企画力、プレゼンテーション能力、提案力などもろもろの総合力を発揮できなければ販売力につながらない。気配りや根回し、腹芸などもときには必要になるがそれだけでは変化の激しい時代には通用しないということにも日々気付いてほしい。

5 近隣情報、ニュース、新聞・雑誌などに日頃から目を配り、家族内の話をバカにしてはいけない。必要な情報は家庭内にもあるものだ。これらに日々丹念に気を付けることによって話題などが豊富になるので、そこから商談に結びつくことも多々ある。人間性はこの辺からも出てくるものなので、今話題性のある話を無視しないでほしい。

6 評論家やアナリストなどをバカにしてはいけない。彼らは間違いなく普段から情報を収集・分析し、努力しているからこそ仕事として成り立っているのだ。これらの情報をいかに利用し自己啓発しながら自社製品に取り入れるか、企業も個人もこの辺にかかっていることにも気づいてほしい。競争社会は「製品の異質」が企業を救う原点だ。

7 市場は瞬時に取り引きされる時代。その市場に必然とされ価値があるものを素早く提供できる企業だけが生き残れる。同じような製品なら価格競争に絶対勝てなければ市場から排除される。そこで情報を駆使しながら常に斬新な新製品を市場に提供できないとコンフィデンスクライシス（自信喪失危機）に陥り、衰退・倒産の憂き目にあう。

8 売り上げダウンを不況のせいにするな。世間には不況下でも売り上げを伸ばしている企業はある。絶対必要なモノは必ず消費者は買うしそもそも製品に、より付加価値を付けることによって売り上げを倍増させている企業もあるのだ。消費者のニーズを取り込むには消費者の情報以外にはないし、最終的には経営者の決断力と行動力である。

9「朝、社長は少しぐらい遅く来てもいい」などと考えている企業に繁栄はない。時間はすべての人間へ平等に与えられた絶対的な資源なのだがこの感覚がないからだ。それらを見極め、時間を有効に使った経営者ほど成功している。欧米の経営成功者は朝、社員たちより必ず早く出社し内外情報を分析、日々世界市場の動向に目を通している。

10 どんな企業でも最初は零細だ。それから上昇し成功したのは他の企業と違った形態の先見性と、市場へタイムリーに商品を提供できたからである。ということは、消費者は必要があったから購入したのだ。市場へタイムリーに出せたのは経営者がしっかりした情報分析と吟味する能力を持っていたからで、普段からの行動がポイントになる。

11 不況なときほど自社の得意分野に絞りベストをつくせ。いまの商売がうまくいかないのに余計なものに手を出すと必ずといっていいほど破綻しているのが実態。また人材も付け焼刃ではうまく行くはずがない。企業経営の競争は国内だけでないということをもう少し切実に考え対応してほしい。グローバル情報への対処が生き残る道である。

12 バブル経済崩壊後、不況で売り上げが下落したと嘆いても、どの企業も同じだった。だが、市場から自社で利用できる情報を見つけ増益している企業もあった。バブル期は黙っていても商売になったので、情報を経営に反映させる能力がない企業がまだ多い。その辺をしっかり認識し手遅れにならぬように熟慮し、対応策を構築してほしい。

13 市場の情報収集・分析に自社のみで対応している企業はあまり伸びていないか、下手して倒産の憂き目にあっているのが最近の経営事情だ。今後、企業が生き延びるには社外重役やコンサルタントを重要視してほしい。彼らはそれが商売、そこから何かを見つけだしながら行動してほしい。見つけだすのは経営者の力量、でなければ引退だ。

14 情報は「仕事の宝なのだ」と言うことに改めて気付いてほしい。普段、何気ないことでも気をつけていれば仕事に役立つことも多く、また時には有利な情報が入ってくるものだ。有利な情報を持っていない人は時代にとり残されている現実がある。情報をしっかりと検証することに、仕事が有利になるヒントが隠されていることも多々ある。

15 現況の社会では先を読む力量が自社だけでは絶対に無理ということを自覚してほしい。「情報が企業の生命線」という言葉をもう一度熟慮し、その選択と決定に間違いがないかどうか、ダーゲットを自社の得意分野に絞って熟慮する体質を身につけてほしい。いま成功している製品に安住し、次世代に対応できず倒産している企業も数知れない。

16 経営者は情報収集を念頭にし、社員の啓発とそれを仕事に反映させることから始まる。また、問題のある仕事を熟慮し乗り越えると自信になる。だが、そこで自分はできたのに相手ができないと非難するだけでは反感を買う。企業の仕事はチームワークから成り立っておりその経験を伝授するのも上役の務めであるという心構えも持つことだ。

17 現代は究極の情報社会。どちらかといえば本は考えながら読むがテレビは目で追うだけである。そこで自己啓発するには考えながら読む本にしてほしい。テレビは考えていても勝手に場面が変わるが読書はその場で立ち止まれるからだ。そこで、とくに歴史の本から学ぶことが多いということを、経営者も新入社員も改めて気付いてほしい。

18 情報は経営の宝、この情報をどのような方法で分析・検証し、自社の改革ほか方向性、販売につなげるか、これが経営の基本をなしている。情報を集めても分析力がなければ旧態依然のまま、経営の先行きは衰退だけが待ち受けている。このような場合は専門家からのアドバイスを受け、立直った企業も無数にあることも改めて知ってほしい。

19 情報を収集しても机の上の「紙料」になっていないか。斬新な情報でも即利用されず、「死料」になっている事も多い。分析・検証後、どの部署にこの情報をフィードバックしたらいいのか、即刻検討・通達し、後日利用頻度まで検証するようになれば現場の雰囲気が変わってくることを知ってほしい。通達だけでは無視されることも多々あるのだ。

20 情報収集はデータ集めではない。収集したデータをもとに経営者はどのように判断し、現場にフィードバックするか、ここが重要なポイントだ。それによって社員の意識も改善され自社の方向も見えてくるものだ。要はデータの裏にあるものを浮き彫りにし、対応策を考えるのが重要だということに気づくとともにその取り組みも熟慮してほしい。

21 子育ての一端は「家に本がどのくらいあるかで決まる」という。これも情報から学んでいる証拠である。これは企業も同じ、最先端の情報をいかに駆使しながら取り込み経営にフィードバックさせることができるか、これが現代経営の基本である。最先端の情報を聞いても無視して倒産した企業は、無数にあることを経営者は知ってほしい。

22 企業経営は常にシビアで市場は過激なものである。そこで情報を安易に考えたらそこには破綻の芽が浮上する。そこで経営者は常に情報を分析・検証し次世代経営の人材育成に力を入れなければならない。今、成功している製品が今後も続くものと慢心し世の中の流れを読み間違え破綻した企業はゴマンとあることも経営者は知ってほしい。

〈2〉歴史と社会に学ぶ14のヒント

1 困難にぶつかったときは過去ではなく先人の歴史から学んでほしい。歴史を知らない人間は叡知もなければ重みも持たない。そして常に同じ失敗を繰り返す。その結果、ライバルとのディベートにも勝てない。何気なく相手より話題があり、その内容が豊富なら周囲からも尊敬され、また商談が成功する基礎にもなることを知ってほしい。

2 仕事での悩みは考えているだけでは解決しない。まず体を動かしシミュレーションしながら熟慮する。そして必ずや身近にいる仕事上のライバルを設定する。ライバルのいない社会・人生は結局、微睡んで進歩がない事態が発生することは歴史からも学べる。ライバルがいないからといって慢心し、破綻・倒産していった企業は数知れない。

3 不況になるとカオス状態になる経営者も多い。この時は自らの経験・体験より、歴史から学んでほしい。不況時の歴史をじっくり検証すると間違いなくヒントが隠されている。世界でバブル経済が崩壊すると１３年以内で復活した例はなくデフレが３０年以上も継続した例もある。歴史からの検証に、何か利用できるヒントが隠されている。

4「天網恢恢《かいかい》疎にして漏らさず」は老子の言葉である。天の網は粗いようだが悪は逃さないという意味。企業人にコンプライアンス（法令順守）が厳しく求められる今日では、社会人として自分を律する、要は規則に従わせるのには、実に的確な言葉と思える。不正が続出する企業倫理の崩壊、懲りない面々、修身を復活させてもおかしくはない。

5「一遇を照らす」、伝教大師最澄の言葉である。与えられた仕事をできるだけ早く習得して周囲から認められ、そのポジションで輝いてほしいという意味合いである。ある経営者は「今の若者は諦めが早く忍耐がない」とこぼすが、これは何も今に始まったことではない。ローマ時代にも「今の若い者は――」があった。石の上にも3年だ。

6「志あるところに道あり」と歴史からの言い伝えだ。これは文字通り、大きな志を持って取り組んでいけば道は開けるという意味合いなのだ。要は、目的を持って人生を、また仕事に取り組む姿勢によって道は必ず開ける。仕事にはこのような心構えで突き進んでほしい。「諦めは敗北者の結論である」ことを、日々心に刻んでほしいと思う。

7「親思う心にまさる親心、けふの音づれ何ときくらん」は吉田松陰の句である。最近、世の中には感謝する気持ちや、ありがとうという言葉が薄れているような感じがする。今、卒業式に「仰げば尊し」はあまり歌われなくなったそうだが、社会人になるために育ててもらった両親や教師、世間の人々に感謝の気持ちを忘れての社会人は失格だ。

8 人間生活も企業経営も同じで失敗を糧にした反省は未来につながる。最近、倒産している老舗は過去に失敗がないような会社で、慢心した結果が破綻という悪夢に見舞われている。松下電器を立ち上げた故松下幸之助は普段街を歩くとき、成功している所よりダメな店をみて、これを反面教師として自社の手本とした。言われてみれば納得。

9 昭和初期に総理大臣になった高橋是清曰く「仕事を本位にすれば、その仕事がどうであろうとも、いかに賤《いや》しく簡単な仕事でも、ただ一心に努めるばかりである。こうすれば、どこにも不平の起こるべき原因がない。（他人が）よき地位にのぼったところで、われを忘れて失望、落胆することはない」この言葉から何か感じてほしい。

10「栄枯盛衰」は人生の常である。順境はいつまでも続くものではなく、逆境も気の持ちようでこれを転じて順境ならしめることができる。要は心構え一つで心境も変わるものだ。周りに常に不平不満をばらまいていると人は寄ってこない。大体、ストレスをためるだけで身体に悪い。これでは「空しい人生だ」ということを知るべきである。

11「至言」とは極めて道理のある言葉だが、田中角栄が総理大臣当時「黙々と仕事をし愚痴を言わない人。他人のために汗を流せる人。損・得より善・悪を的確に判断できる人。こういう人が使えるし伸びる」と記者団に語った。一生に一度は乾坤一擲《けんこんいってき》の勝負を。そのためターゲットを絞りそれを熟慮しながら人生はチャレンジしてほしい。

12 人生を生きぬくためには常に人間性が重要になるがその「人間性」とは何か。それは日常の繰り返しの仕事に耐える粘りがあるかどうか、この辺が重要なポイントになる。移り気、投げやり、あきらめ、無責任、無報告、無相談、無連絡、無回答など仕事をする上でこのような態度・対応をしていないか。これが人間性の優劣であると英詩人。

13 現況社会は工業社会から知識社会へシフトされ始めた。労働者もノリッジワーカーに移行している実態を考えると既存知識からの脱皮が必然。以前、英国に「変人の会」と揶揄される人々の集団があった。しかしこの集団からノーベル賞受賞者がぞくぞく輩出している。現代社会の変革スピードは実に急速、時代変革の熟慮・浸透が必然だ。

14 経済歴史から検証し、体験的にも得たことだが市場には３０年前後に訪れる波があることを知ってほしい。現在の商品でも今日売れているから明日も売れるという発想は絶対やめたほうがいい。時代・市場はどう動いているかという当たり前の動きも検証せず「政府の対応策が悪い」などと批判している業界もあるが経営は自己責任である。

〈3〉苛烈な企業競争を生き抜くための１９２のヒント

1 年に1回程度でいいから新製品ができた時や、会社が停滞気味なときなど企業にまったく関係のない地域の女性たちやリタイアしたそれなりの知識人に会社にきてもらい「よそ者サミット」を開催したところ大成功した。リタイアした人たちを情報のブレーンワーカーとしてアドバイスをもらうのも1つの方法であることに気付いてほしい。

2 同じく企業のマンネリ化を打破するためシルバー人材の中から海外で生活・ビジネスをしていた人、海外勤務から帰国した人など先進国、発展途上国などで働いてきた人などを企業に呼び、全社員に異色な考え方などを聞いてもらったところ、これが社員の意識改革につながり大成功した企業がある。また異端者は会社にとって宝物である。

3「日本人は失敗を恐れて実に臆病、アドベンチャー的にチャレンジする人は少ない」と米国の友人はコメントする。伝統的な“シャイ・カルチャー”が根底にあるのか？米友人は、「失敗するからこそ自分の弱みが発見できる。間違ってもいいから発言し行動すれば自らの弱点も分かり解決方法が見える」とも話す。やはりこの発想は凄い。

4 新入社員には研修と称してマニュアル、ハウツー、要は方法を教えるため書かれた本などでたたき込まれる。しかしこれが全部正しいとは限らない。結局、仕事は“現場で鍛える”しかない。いつもマニュアル通りでは「融通の利かない人間」と評価される。仕事の要領は経験からだが初めからその心構えを持っていることが必然なのだ。

5 米国は「製品の品質は利益をあげるための手段に過ぎない」。しかし日本企業はそうは思わなかった。長い目で見て「品質は一時の利益より優先させるべき」と考えた。誰が考えても合理的でない「ゼロ・ディフェクト(無欠点)」の精神。この考えで国際水準を凌駕する製品ができた。結局日本は長期利益追求型が経営の基本姿勢なのだ。

6 自社商品のネーミングをするときに熟慮せず、安易に名付ける企業も多いが、これが後々失敗のもとにもなる。ただ「漬物」として販売したところ他社に類似品が多く失敗。そこで中身は同じでも再び「秋の実」とネーミングし直したところ、途端に数倍の売り上げとなったということで、名前もいかに大事かということを知ってほしい。

7 経営者は得てして何となくできそうもないような経営方針を作成したり、過去の成功例が企業内を支配し、新しいものにはチャレンジしにくい傾向がある企業も多々見受けられるがこれはやめたほうがいい。市場には常に時代の変化が押し寄せるのに、過去に成功した経営方針に拘束され、ニッチもサッチもいかない企業もいまだにある。

8 企業が多忙のときにはその先行きや市場動向を考える暇がないなどと、先のプランを構築しない企業もいまだに見受けられるが、バブル崩壊後の日本はこれで失敗したことが歴然としている。グローバルな市場動向も読めず、新しいものにチャレンジ・投資しなかったため経済停滞は歴然、英タイムズは「老いたる経済大国」と揶揄した。

9 一流ホテルでは、就業度、業績、能力、お客様への対応、思考性、言葉づかいなどは100点満点が当たり前、悪ければ減点方式で即ボーナスに響く。とにかく「できません」と言わないのが一流ホテルの対応。その点、大手も含め製造企業などもまだまだ生産者の論理で横柄な対応が目に付く。衰退会社や倒産会社を見ればよく分かる。

10 最近はビジネス上での不正やトラブルに関する消費者からの反発は、企業が考えている以上にきつい。不祥事の隠蔽が内部告発されたとき、製品のボイコットはおろか倒産、また当事者の自殺も多い。それに加え、株主訴訟で多額な賠償金を払わされる事もあり得るし、明るみにでた時にはマスコミの対応にも非常に注意する必要がある。

11 会社はあくまでも「組織での仕事」ということを頭に入れてほしい。そこで人間関係がうまく行かない人は、結局は辞めざるをえない結果につながっていることも多い。現実に会社を辞めていく多くの人は、仕事が嫌なのではなく人間関係によるのが多い。経営者はこのことを日々しっかりと認識し、周囲に対する気配りに配慮してほしい。

12 どんな時代でも結果を出すのがプロの経営者、だから周りからも認められるのだ。メガ・コンペティション（大競争）時代は間違いなく過激なサバイバル市場だ。老舗といわれる企業でも慢心し、時代の流れを読めず倒産に追い込まれている時代なのだ。この辺を肝に銘じ対応策を講じないと、即刻市場から消滅することだってあり得る。

13 部下を叱るときは過去の功績を褒めてから叱れ。「お前はあれほどできるのに今回はどうしたんだ」の一言を入れるだけで人間の感情に恨みが消える効果がある。頭から怒鳴っては本人が悪いと思っていても心にしこりが残る。反感を持ちながら仕事をすると本人も意欲を失い仕事もいい加減になり、良い結果が生まれてくるはずもない。

14 商品を売ることはあらゆる職務の前提条件である。自社の商品を販売したことがない人間は商売の厳しさを知らない。品質が良ければ必ず売れると思っている企業もあるが、最前線での厳しい環境があってこそ、初めて企業は成長することを理解してほしい。とくにボーダーレス時代ではこれらを理解できなければ経営者として失格である。

15 経営者はどんなことがあっても絶対に言い訳をしないこと。言い訳は消費者の反感を買うだけである。経営者は不正・不祥事は許されないという絶対的なテーゼを社内に浸透させ自らも自覚すること。この当たり前なことが日本企業では今でも希薄、不祥事が起きたときのマスコミ対応をみれば歴然である。不祥事は起こるものと考えよ。

16 経営者は個性あるリーダーを目指せ。何でも人と同じような護送船団方式は過去の遺物。近年、日本の経営システムに瑕疵が指摘されており、これには個性がなく羊羹型経営で異端とともに速効性がないからだ。ボーダーレス社会での日本型経営は根回し時間が長過ぎ、決断力も遅いと海外から指摘されているのにいまも改善されていない。

17「大器晩成」の言葉があっても「大器早成」という言葉は見当らない。この意味するところは、大成する人間は何事にもスタートから「問題意識」を持って物事に取り組んでいるからだという。仕事をする上で日々漠然と行なっているようでは間違いなく進歩はない。市場背景を熟慮するという意識のない企業からは、成功は見当らない。

18 商売上「コントラクト（Contract）・イズ・コントラクト＝契約は契約」という言葉は欧米では当たり前、サイン一つで取り引きが成り立つ社会である。しかし日本は今でも口約束が多く、トラブルの原因にもなっている。中小企業にまで欧米のビジネスシステムが入り始めた今、先々日本的経営が通用しない時代が到来する予感がする。

19 商売するには絶対的に強い製品が企業の宿命だ。強い商品とは消費者にとって値打ちのあるものをさす。値打ちがあるということは高価格でもわざわざ買いにくる商品のこと。市場では価格破壊が浸透しているが一部では考えられないような高価格な製品も売れている時代なのだ。商品に「付加価値」という方向性が問われる時代である。

20 現在、成功している企業は総合力より一つでも市場で絶対に強い製品があるか、他より絶対に安く売ったかのどちらかである。今後の企業は、とにかく得意分野に進むほうが得策なのだ。市場に類似品がなく製品がオンリーワンであれば、他から買いにくる。バブル経済期、余計なものに手を出して倒産した企業の実態を振り返ってほしい。

21 女性の心理を真面目に探求せよ。職場の中でいかに女性のやる気を引き出すか。最近のビジネスはこの辺にかかっているといっても過言ではない。女性の能力をうまく引き出し、考えていた以上に成功している企業が非常に多くなっていることを経営者は知ってほしい。そこでその人材をどう使うか、「知恵と工夫」が重要なポイントだ。

22 製品開発に全力投球した商品やその経験は、以後あらゆる判断や行動をする基本となる。開発や現場を経験せずカンだけで行動してもいい結果は生まれない。現場で手順を身につけることは、生活する上での知恵や創意・工夫、技術、そして行動力である。これが自然と身につくことで先々の仕事に対する行動も、億劫とは思わずできるのだ。

23 知人コンサルタント曰く「企業がリストラするといい人材から去っていく。絶対残ってほしい人にはそれなりに対策しなければ即退社する。その人たちはその道のやり手、万一企業が倒産しても引き取り手がある」と。そこで普段から有能な人材に目配りするのも経営者の仕事。この辺に気配りの足りないのが、日本経営者の欠点だという。

24 米国の友人曰く「日本人は、まず完成品を作り、それを基礎に日々改良を加えていくが、アメリカ人は初期段階から複雑な要求を取り入れ、徹底して追求する。初めは米国式がいいと思っていたが、日本へきて日本企業の強さが分かった。そして一番気にするのは品質と納期」という。指摘されて「当たり前。相手先との信頼が一番だよ」

25 企業倒産の第一要因はトップが独断で、自分の周りをイエスマンだけで固め、苦情や欠点などの情報が入らない状態で、経営者は裸の王様、これが主因とも言われる。最近、米国で甦った企業の経緯を検証すると「社外取締役重視」企業が業績を伸ばしている。ボーダーレス、グローバル時代、日本の一部企業もこの手法を取り入れはじめた。

26 店舗のレイアウトはその店の晴れやかな舞台である。また、従業員はその舞台の役者であり黒子である。そこでどんな千両役者が現われようと、お客さんから嫌われたら小屋（店）は繁盛しない。そこには演出者（経営者）の強力なリーダーシップとターゲット、ポリシーのあるまとまりが必要である。そのことによってお客の受けもよくなる。

27 ある企業が危機に瀕したときアドバイスをしたが、結局受け入れてもらえず倒産してしまった。その時の経営者に対する教訓。①いい格好するな②見えや外聞も捨て裸になれ③縮小のタイミングを誤るなを肌で強く感じた。その後、彼は「会社のためによかれと思ったが…」と後悔。時代の情報分析がしっかりできる経営者が成功している。

28 経営コンセプトは他社と違った価値観をどうやって養うかである。そうすれば時代の変化が違った形で見え、対応できるはずだ。また商品はお客が期待している以下のものは市場に出すな。口コミは恐ろしいということを改めて知ってほしい。「今回はこの辺でいいや」で発売したところ、消費者から反発を買い倒産した企業は数知れない。

29 不景気時の企業経営は不得意なもの、余計なものに手を出すな。企業人なら商品を売って儲けよ。泡銭はバブル時代のようにいつかは消える運命なのだ。努力もしないで儲かるような「甘えの泡銭」は金銭感覚を失い、そこから倒産の芽がでてくることを知ってほしい。社内で「甘えの構造」を増幅させ社員の士気にもかかわることだから。

30 経営人は「よくなると逆上《のぼ》せ、悪くなると焦る」。いつの時代でも同じ行動を繰り返している。企業成績のいい時期はこれがいつまでも続くと錯覚し、その錯覚が高じて企業を倒産させた経営人はゴマンといる。常に時代の動向を調査・検証し、足元を見つめる癖をつけてほしい。時代の流れや市場動向を無視すると必ず痛い目にあう。

31 製品のロス退治は絶対に企業利益につながる。現在の企業経営はこのロスをいかに無くすかにかかっている。一時ゼロ・ディフェクト（無欠点）という手法も流行ったがこの手法では付加価値はつかない。不良品のロスだけではない。在庫、仕入れ、作業、運搬、情報、決定時間のロスも重要な要因だ。ロス排除は利益のバロメーターである。

32 企業経営はカンと経験だけに頼る時代ではない。売り上げという数字の実績から的確に判断せよ。その結果、どうみても先行きが暗いと判断した商品は即刻その事業から撤去する勇気をもて。過去の成功例にしがみついて倒産させた経営者は掃いて捨てるほどいる。事態に気付かせるためにも欧米などでは社外重役制度が重要視されている。

33 現実と売り上げの値がいつも一致している訳ではない。帳簿上では黒字でも倒産している企業は多いのだ。市場の情報も吟味せずあまりにもシビアな数字だけを追いかけると、ウソで固めた数字が出て来るのも企業組織、破綻した金融機関を見れば分かる。これらの実態を経営陣は素早く見抜けるかどうか、この辺への目配りが必然と思える。

34「改善」より「改革」の方がやさしいとある経営者。１０％改善となると実に苦労するが、改革は既存のシステムを廃棄し、そこからスタートが始まるのでこの方がやりやすいという。しかし、いまだに改革の困難に気付いていない経営者が多い。要は既存のシステムを停止したり、廃棄してスムーズな事業の継続ができるかどうかによる。

35 まず日々の数値目標を設定せよ。数字という目標がなければどうしても散漫になりやすい。計画もいい加減で散漫になっている企業には明日はない。先行きに明るさがない企業では従業員もやる気が起きない。優秀な人材ほど退職するようだと企業に未来はない。この辺を見極めながら周囲への目配りがいかに大事か、これも経営者の役目。

36 仕事とは不可能なことが起こるものだという考えを前提にし、そこでその不可能と思える仕事を乗り越えるのが最初の仕事。優秀な経営者はそれを真っ先に把握し周囲を巻き込みながら解決している。マニュアル通りに仕事をするだけなら社員でなくても熟練者でなくてもいい。未知の仕事でも熟慮・検証し行動するから周囲は認めるのだ。

37 医者の友人曰く、「気持ちも行動も“攻め”の人間は歳をとらない。諦め、無気力、情報無知、自己啓発なしなど守りだけの人は歳以上に老いが早い。だから日々あらゆるものに興味を持つことが若さの秘訣と考えてほしい。歳と思えば歳。若いと思えば若いのだということを肝に銘じ、自らの気力が衰えるから体力も衰える」のだという。

38 相手を説得するにはまず話を聞いた後、無理難題であってもどこかに相手の意見も取り入れながら対案を出すのがポイントで、反対だけでは説得力がなく相手にされない。そこには体験・実績も必要だが、それに加え商品知識と行動力が加われば大抵の人を説得できる。お互い話し合いを持ち、そこから相互の理解が深まり分かりあえるのだ。

39 企業経営の相手には建前だけの話では信用されない。商売相手には話が建前だけなのかどうか、嗅ぎ分ける力量があると思え。だから長年商売を続けられるのだ。そこで困った時には本音で話して相談したほうが、いい結果が生まれることもある。また相手が欲しがっている商品情報を仕入れ、伝えることによって信用度が増すこともある。

40 企業の繁栄はアイデアと日々の小さいことの積み重ねにあり、モノを売るという行為に生やさしい業種などはあり得ない。いくら不況といっても消費者は買うのを全く止めたわけではない。知人は既存製品に筆者のアイデアで付加価値をつけたところ、以前１千万円ほどの売り上げだったがこの２０年間で５億円を突破、一度も下落なしだ。

41 他社企業の経営が上手くいっている話を聞くとどうしたらそうなったのか、根掘り葉掘り聞く経営者がいる。しかしその答えを聞いたときには流行がダウンしていることもあり、それを読めない経営者も多々いる。それよりもどうしてそのような発想・行動したのか、またどうして決断し、対応したのかを聞いたほうが遥かにベターである。

42 市場から信頼される企業となるには日々高品質と低価格が必然だが、それには全社員の心構えが初心のポイント。その初心を忘れて慢心し、倒産するはずもないと勝手に錯覚、金融機関までもが立て続けに破綻したことを肝に銘じてほしい。市場は国際競争で実に苛酷、容赦はしない。戦後世界上位５００社中５０年で約３００社が消えた。

43 ２１世紀の企業ビジョンは「法令順守」「健康指向」「環境配慮」「化石燃料軽減」などをターゲットに考えてほしい。そのためにも自社製品のリサイクル化や無公害化を改めて徹底し、企業の取り組みを直接、消費者にＰＲすることである。今、消費者の７割強はこれらに関心があると白書も指摘。企業の生き残りは何かを即刻吟味せよ。

44 今後、企業の製品は何といっても「Ｒ・Ｓ・Ｏ」が基本。Ｒはリサイクルでそれが確実にできる製品。Ｓはセーフティで安全性に配慮した製品。Ｏはオリジナルで独創性と創造性を基本とした製品。今後これらに配慮した製品でなければ、この先必ずや衰退の憂き目にあうと思ってほしい。内部告発から続発している企業不祥事などは論外。

45 経営者ほど日々、ニュースや新聞に目を通してほしい。取引先などの懇談で話題が豊富だと徐々に一目おかれ、そんな話が異業種などにも流れるもの。そうなると多方面から情報が入るようになり、自社の利益になることも多い。新人社員も話題が豊富だと「若いのにたいしたもんだ」となり、目をつけられる要因になり得るかもしれない。

46 最近、ようやく一部の企業で採用し始めている「社外役員」の採用だが、米企業による戦略の根底には①政府の規制緩和をいち早く取り込む対応②国際競争社会での刺激や動向を徹底調査③製品・戦略等による違いの重視・検証④心の知能指数（EQ）を必然的に重要視・採用⑤企業を社外役員が徹底吟味⑥世界動向の調査・分析等が浮き彫り。

47 一部の経営者は過去の成功例から抜け切っていない。過去成功したからといって慢心し倒産した企業はゴマンとある。国際社会ではボーダーレス時代が到来しているのに為替動向を収集せず倒産した企業もあるのだ。トヨタ自動車の知人役員は「現在の成功例を無視し、組織は常に揺さ振り続けていなければ継続性はおぼつかない」と話す。

48 最初は人真似をしてもポリシーのある企業は必ずやその商品に今まで市場にない付加価値を提案する。お客の要望にあったものを提供できればいつしか軌道にのり、利益を生む元になることも多々。しかし、そこには出すタイミングとスピードが大事、それを間違えれば即、破綻につながるのも現実だ。そこで先見という読みが大事になる。

49 企業は間違いなく「人質《じんしつ》」が左右する。その人質により付加価値を付けるのは情報の収集力であり、根底は社員教育にある。その教育をなくしてよりよい人質は育たない。経営者は先見性をもって人質教育に力を入れることが先決。そしてその人質を自社で有効に活用しているかが重要ポイント。社員に意外性分野の自己ＰＲをさせてほしい。

50 軌道に乗った時代の成功例を払拭せよ。経営者は成功した製品を廃棄するのは忍びない。だがそれにしがみつき倒産の憂き目にあった企業は数知れない。今日のハイテク製品は、明日の日用品であることを肝に銘じてほしい。この感覚がなければ、「明日は倒産」という苛酷な現実が浮上する。過去の成功例は間違いなく毒にもなるのだ。

51 貸しをつくるのも借りをつくるのもイヤ、という態度は考えもの。保身を考えると周囲に貸しをつくっておくのも経営のポイント。そこで「忙しいようだね、手伝うか」とか、「こんな情報があるんだけど君のところで役立たないかね」とか。普段からこんな関係をつくっておくと困難にぶつかった時に思いがけずに役立つ事もあるものだ。

52 部下に過去の成功例を押しつけていないか、振り返ることも大事。時代の変化についていけず精神面だけの強調や「社員が働かないから業績が落ちた」など口が裂けても言ったらダメ、社員のやる気を削ぐ。それよりいかにいいところを褒めるか、この辺の気配りが非常に大事。叱咤だけでは人間は動かない。激励ポイントの見極めが大事。

53 企業は売れ筋を見極めるのも大事だが、下降線をたどっている製品をいち早く見つけ、対応するほうが経営にとっては遥かに大事だということを経営者は素早く気付いてほしい。製品または仕入れた商品の回転が遅く、店が倉庫のようになっているようでは次は破綻が目前である。適材適任、情報管理、オーバー在庫のないのが経営人のコツ。

54 大衆のなかにいることは誰でもできる。その大衆から一つ、抜き出てリードするには、確固たるリーダーシップが必要である。そのリーダーシップを発揮するにはイデオロギーとカリスマ性、そして蘊蓄《うんちく》と精神力、そして自己啓発した哲学のほか社会性を駆使したロジックなどが必然である。これが現代の経営者にかせられた必修課題なのだ。

55「諦めは愚か者の結論である」と賢者の至言だ。「できない」という結論を出す前に「これこれをクリアすればできる」と考えてほしい。そして、まずはチャレンジしてみることが必然だが、人間は「一生・懸命」に働くことはできない。心には必ず余暇、即ち気の抜く時も必要で、これは自分に対するサービス、心身への健康管理でもある。

56 相手を「批判·中傷するほど後日、３倍で降りかかってくることを肝に銘じてほしい」と賢者。経営者が経営悪化を経済や相手先のせいにし批判する企業ほど結果は惨めだ。企業経営は苦しいのが当り前、倒産は自ら時代の流れを読めないから起ったことで、世間や他人のせいにせず、これが普通と考え対処している経営者が成功している。

57 以前、一流企業の経営者が社員を批判したことでマスメディアが飛び付いた。今でもそういう経営者がいるのかと思うと愕然とするが社員は悪くない。悪いのは自分だということをしっかり自覚し、結局育て方が悪いのだと反省の気持ちを持ってほしい。自社の社員をただ誹謗·中傷するようだったら、経営者として失格の烙印を押される。

58 企業や人間も環境の変化やボーダーレス時代の流れに即対応できなければ、倒産または敗北感だけが残る。見えをやめ、放漫経営をやめ、周囲の忠告に耳を傾け、欧米社会で慣習となっているフィランソロピーやメセナのような、得た利益の何分の一かを何かしら地域社会に還元するよう努力してほしい。これが未来の経営者像と考える。

59 今、学校では教育はしても社会常識という「教養」は教えないためパブリックマナーが退廃している。また「損・得」より、まずは「善・悪」を教えなければならないのに。そこで企業にモラル・ハザードが蔓延し、逸脱した事態になって社会までもが荒廃。このような風潮が現況の社会構造だが、教育の根本は何かを企業も考えてほしい。

60 人材の採用は倒産した企業からも行えと言いたい。大競争時代に突入した今、同業者は絶対に敵と思え。事業が上り坂のときは自然に良い話も転がり込むものだが、一旦下り坂になると人は自然と寄り付かなくなる。この時にどう対応するか、アドバイス、倒産の企業から採用した人材からも情報収集しチェンジ、それで復活した企業がある。

61 企業経営者の仕事はまず先行きのビジョン、企業のターゲット、決断、撤退する勇気、目的、倫理観、ポリシーなどがとくに求められているのがグローバル時代の企業姿勢であり、最終決断が経営者トップの「自己責任」であることを明確にすることである。そうしなければ従業員にも参加意欲がなくなるとともに、衰退が始まる原点ともなる。

62 日本社会では「仕事か、家庭か」の二者択一が迫られることも多い。だが、これではボーダーレス時代の社会では通用しない。欧米の社会システムのようにまず家庭を安定させ、そしてビジネスもしっかりとやりぬくことが今後の会社経営、社会通念なのだ。仕事絶対という日本社会の風潮を打破するためにも経営人が率先して対応してほしい。

63 普通の経営者は時代に変化がきたときは右往左往するが、普段から常に問題意識をもって熟慮している経営者は一攫千金のチャンスと捉え行動に移す。この考え方が先々大きな差になって表れることは間違いない。そのためにも普段から時代の流れを把握、経営に即刻フィードバックする体制をいかに整えておくか、その心構えが必然である。

64 革新的な経営者は常に現況における自己否定を繰り返しながら社会情報を吟味し、自己改革を繰り返す。ボーダーレス時代の流れを無視し、今うまく行っているからと現状に満足し、新しい時代に対処した改革を怠れば市場から淘汰されるのは間違いない。経営という組織は常に揺さ振りをかけていなければ即停滞することに気付いてほしい。

65 企業は他社の「二番煎じ方式」にストップを。今後も生き残るには時代を読み人が真似のできない特徴ある付加価値製品の販売を心がける。二番煎じ的発想を３～５年以上やっていれば価格競争に巻き込まれ、消滅する運命になることを歴史から学んでほしい。要するに生き残るためにはオンリーワン、得意分野に人材を集中し生き残りを。

66 経営システムの「改善」などは甘い。前例を破棄し「改革」しろ。改革とは今までのシステムを全部捨てることが出発点なのだ。その時点で画期的なことでも１０年間も同じことをやっていれば衰退は免れない。今の行政は１００年以上同じ事をやっているから進歩がないのだ。実際、あの仕事ぶりを見れば反面教師になることが受け合い。

67 企業の成長は人が真似のできない特徴ある商品と従業員全員の心構えにある。競争社会のなか、常に危機感をもって行動する企業と、今日売れた製品は明日も売れると考えている企業は、不況になったとき初めて分かる。社外重役制度も浸透しはじめたがまだ一般的ではない。よそ者の意見を聞くことから始めてほしい。情報は生命である。

68 最近の市場動向では売値を原価から決めては失敗する。この品物だったらいくらだと売れるか。だから原価はこの程度にすればよいという発想から熟慮することだ。そしてそこを原点にするという考え方を企業内部に浸透させてほしい。売値を決めるには市場調査を駆使し、改めてグローバルな時代に対応しているかどうか熟慮してほしい。

69 モノ不足に便乗して法外な値段で販売した利益は、いつかは吐き出すときがくる。以前、コメ不足に乗じて法外な値段で販売した生産者は、その後消費が落ち込んだため、以前より減反を迫られている現実があるがこうなるとだれも同情はしない。目先だけの商売、その時が良ければハッピーとの姿勢は間違いなく衰退・倒産の要因にもなる。

70 他社と同じようなモノを同じような値段で売る以上、利益幅は少ない。そこで既存のモノでも付加価値をつけ、他社と差別化することで初めて商品に価値が出てくるのだ。同じ価格帯であれば異業種の製品でも必然的にライバルであることに気付いてほしい。これがほしいためにこれをガマンするという消費動向を分析・検証し、市場の把握を。

71 この先企業の進む方向性、そしてターゲット、マンネリ化など、常に熟慮するような経営人であってほしい。知人経営者は忙しい、暇がない、といって市場動向を学習しなかったため自らの企業を倒産させた。同僚のコンサルタントは「もしそういう経営者だったら倒産しないうちに辞任したほうがいい」と辛辣。時代を読む力量は必然だ。

72 日本は根回しとコンセンサス社会、往々にしてトップダウンが嫌われる。だが現代は過激な競争時代、サッチャー元英首相の回顧録ではコンセンサスでは国も経営できない。時代を背景にした強いリーダーシップと責任感、タフなネゴシエーターを備え、さらにカリマス性が重要な要素に、これが現況の経営者たちには必要な時代である。

73 職場の硬直した「縦連携」を廃止し「横連携」を構築してほしい。今後の仕事は横のつながり、他の職場とのコミュニケーションを大事にすることによって初めて全体の仕事もスムーズとなりムダもなくなる。仕事はなんといっても無駄排除が必然なのだ。経営者、上役を含む従業員全体でこの辺が重要なポイントと考え日々行動する体制を。

74 経営で大事なのは正確さだけではない。それより「トレンドを把握し自社製品に優先順位をつけ最終的には現況を変革すること」が大事なのだ。自分の見通しに固執し過ぎると巡ってきたチャンスを見逃す羽目になる。よって経営には柔軟性が必然なのだ。トレンド情報にも真実と偽りがあるためそれをどう見抜くか、日々の鍛練が決め手だ。

75 経営者は常に自分に与えられた使命を理解し、自社の経営ほか、いかに社会貢献ができるか。それを至言とし貢献できることを貫ける経営者が最大の変革を起こし得る人物なのだ。日々不祥事が続いている日本企業の実態を考えると、社会に貢献するという使命感がなさ過ぎる。企業は永遠に継続されるものとは大間違いに気付いてほしい。

76 新規企業でなければ蓄積したノウハウと伝統がある。しかしこの伝統技術を絶対と考え、倒産した企業はゴマンとある。伝統とは技術の蓄積だが常に市場の情熱に敏感でなければ企業はアッ！という間に倒産する。時代の流れを的確に読み常に革新的技術を注入することによってのみ、企業は継続するという実態を改めて噛み締めてほしい。

77 ある商社の業績評価が変わった。１９９０年代は前年度の売り上げや利益といった数字に表れる評価が１００％だった。しかし利益優先主義が相次ぐ不祥事に結びついたと反省。代わりに先行きを見通して企画立案をしたか、人材を育成したか、顧客や社会に貢献したか、という数字に表せない努力や能力、使命感などに評価をシフトした。

78 経営に対する危機管理は〈リスクマネジメント〉と〈クライシスマネジメント〉に大別される。その中より重要なのは〈リスクマネジメント〉。社内組織を揺るがすリスクを予見して吟味し、発生予防の手順と万一発生した場合の対応策を整えておくのが経営者の姿勢である。最近、これに対応しているかどうかで格段の差が表れている。

79 日本企業の法令順守はあまりにも幼稚で安易。「うちの企業はあり得ない」と対応策もなく、内部告発などで不祥事が明るみにでると対応に四苦八苦、要は危機管理がなっていない証拠。そしてマスコミの前で右往左往の醜態、これで倒産した企業は数知れないのに今でも危機感のない経営者が。世間は非情ということを思い出してほしい。

80 危機管理能力アップは不祥事を起こした他社の失敗例を教訓に自社の「事故、事件、不祥事」などの場合、常にそこから学び取るという姿勢が経営者に求められる。だが、いまでも他人ごとのような経営者がいる。メーカーであれば他社のリコールをきっかけに自社で同様のケースが起きた場合、日頃からの対応策が即刻明暗を左右するのだ。

81 商品が他社と同じであるならば間違いなく値段の競争になる。しかし少しでも他社と違う特徴があるものであれば、そしてその説明責任を果たしていれば顧客が選別する。そこで例えば、特別辛いとか、甘いとか、量が多いとか、見かけが違うとか、特別安いとか、とにかく商品に特徴がなければ、結局市場から淘汰されるという事態になる。

82 この自己ＰＲだが、日本は嫌悪されこともある社会。しかし「これこれの仕事で企業に役立つことができます」が本来の姿。米国の友人は「日本人はボーダーレス時代の到来と声高に叫んでも実態は過去の慣習を払拭することはできない社会、これに違和感を覚える」。そして「それに気づき対処した経営者が国際社会では通用する」と話す。

83 専門家もバブル経済の勃興が読めなかったように、その後の後始末は実に悲惨である。しかし昭和の恐慌や１９３０年代の世界恐慌を分析・吟味すれば、そこには間違いなくヒントが隠されている。そこでそれを見抜く力量があるかどうかは経営者および役員の任務なのだ。だが、日本企業ではそのような態勢が整っているところは無に近い。

84 現代におけるコンプライアンス、法令順守は企業の必然であることは言うまでもない。しかし消費者に都合の悪いことは即隠蔽し、その後内部告発などによって表ざたになり、市場から消滅した教訓をいまだに安易に考えている企業も多い。現況の経営者は消費者心理を充分把握し不祥事の場合、即オープンにするほうが良い結果が浮上する。

85 日本企業の欠陥は根回し、そして決定に時間がかかること。これは常に市場から指摘されるが相変わらず改善されない。韓国企業に伺うと常にトップダウン、そして初めから国際基準で開発し輸出する体制を整えるが、日本には一定の市場があるため、どうしても遅れがちになる。携帯電話、薄型テレビなどでは韓国企業に駆逐されている。

86 首都圏値段というのがある。地方の特産物をその地方で販売した場合、既存の値段からそうはみ出す訳にはいかない。しかし本当に良品であれば首都圏販売の場合、地元の2倍ほどの値段で販売するよう指導している。だが、一度も首都圏の情報を把握したことのない経営者は言うことを聞かない。この辺に強烈な心理的落差が感じられる。

87 企業不祥事が発覚した場合、マスコミ対応を安易にすると取り返しのつかないことが多々ある。そこで常に対応策をシミュレーションし、対応を訓練しておく必要がある。知人の会社は忠告にも、「大丈夫、その時になったら考えるよ」と安易にしていたところ社員から内部告発され、結局は市場から淘汰された。これらを教訓にしてほしい。

88 経営者協議会などで講演すると、他業種における経済動向をあまりにも知らな過ぎる。以前、輸出関連の経営者の会で講演したが日本の円高が過去最高、いついくらだったのか正確な値を誰も知らなかった。それでいて「為替の急変で困っている」と。情報を学んでいない証拠。過去の円高はいくらだったのか、実態から教訓を学んでほしい。

89 企業のモラルハザート「倫理感の欠如」の根底にある問題は、個人も組織も自らの対応能力欠如が浮き彫りになった時点で始まる。不正も一部の役員などが「見つからなければいい」との隠蔽体質を持ち、それが企業から払拭されない限り上昇気流にはのれない。最近になっても日本企業からの不祥事が消えていないのには非常に困惑する。

90 大抵の企業は現場での作業時間を平均値でだし、それをマニュアルにし作業員に徹底させる。だがトヨタ自動車は作業時間の平均値は取らない。最初の工程でシミュレーションし、一番速く作業した人の時間を作業標準タイムとする。そしてそういうマニュアル作りを現場に徹底させる。畏友の役員曰く「現場はすぐに慣れるんですよ」

91 同じくトヨタでは作業員が工程の改善に日々努めボトムアップするから作業がスムーズという。要は、現場ではマニュアル通りではないということだ。その役員曰く「トヨタの生産方式は人の知恵を生かす、人を真ん中においたモノづくりを実践している。人の知恵を活かすことで、たえず変化し続けるモノづくりを可能にしている」と話す。

92 また彼は「人の知恵は無限である。知恵はみんなに平等にある」という。そこで筆者はその知恵に「工夫」を加えるようにとアドバイスしたところ、即マニュアルに記載すると話し実践。そして「いいことは即決がトヨタ流」と話す。これらの考え行動力を自己啓発するほか、人生設計などに広く応用してほしい。前途が明るくなるはずだ。

93 企業内における常識は「過去に蓄積された伝統の“迷信”である」と言いたい。その迷信からどう逃げるか、これがグローバル企業の必然性である。利益は何%が常識だ。この季節には売り上げが何%なければ……。このように過去を追いかけるから既存の考えから脱皮できないのだ。即刻企業内での“異物人”を召集し、議論させてほしい。

94「最短時間の作業が最楽の作業時間」という考え方を提示したい。一番短時間での作業を見ていると要領よく、実に楽にやっているから最短時間になっていることが多い。それを見抜く力量を経営者、そして現場のトップは持ってほしい。過去の作業標準だけを後生大事にし、見直しをしないという現実も多々ある。即払拭してほしいと思う。

95 経営指導している企業の現場と懇談した。ある若者が「決められたことを守るのは苦痛で不便、自分流にしたい。そのほうが便利で作業時間も速くなる。上役に言っても頭が固くて取り上げてもらえない。話してください」と。そこで経営者に話すと現場より他人の話は聞く耳があるらしく即改善された。他からのアドバイスも至言になる。

96 同じく若者は、「会社の仕事だ、と考えるとダラダラ、しかし自分の仕事だと考えると意欲も湧く。経営者には意欲が湧くようにアドバイスを。それには会社の経営が厳しいときほどオープンにしてほしい」という意見もあった。苦しいときほど隠蔽する経営者も多々、この体質では従業員も薄々気付き、意欲をなくすことを知ってほしい。

97 経営者は、日々現場の作業工程に「新しいやり方はないか」「もう少し知恵・工夫は盛り込めないか」「自分ではこうするんだけど」など、現場と一緒になって知恵を絞ってほしい。そしてグッドアイデアは即採用。これが会社で「決められた仕事だから仕方がない」とか、「何となくやらされている」とかいう不満を一掃するコツである。

98 最新式のマシンだと能率が上がるなど、勧められるからといっても安易に購入するな。それに似合った仕事はあるのか。それに完全に使いこなせないで飾りもののような工場も多々見ている。ニューマシンは本当に必要か、仕事はあるのか、現在のマシンでも対応できるのではないかなど、とにかくじっくり現場全体で吟味し対応してほしい。

99 自らの成功体験に固執し過ぎていると、ときには進歩を止めたり、時代の流れを読めなくなったりする。そこで同業者が時代についていけず倒産した場合、どうしてそうなったのか、できれば話を聞いてほしい。その情報を的確に吟味し轍を踏まないよう熟慮を。この手法、現代でも絶対的に通じることは間違いない。即参考にしてほしい。

100 成功している経営者または現場の人間であっても、日々自分に対する問い掛けをし、新しい仕事でも「俺はやれるんだ」との気構えで取り組んでほしい。初めから「できない」との姿勢であれば、できると思える仕事でもできないものだ。結局、その心構えが大事だということを肝に銘じてほしい。最初からの諦めは、即刻敗北につながる。

101 企業も現況のままでは生き残れない。経営者はこの教訓を常に持ち続けてほしいのだ。グローバル時代は国内企業だけが競争相手ではない。過激な相手は世界に散らばっている。これをどう克服しながら生き残るか。今後これが必然的な課題なのだ。この苦悩を知っていても、またアドバイスしても対応できず諦め衰退という企業も増加傾向。

102 どの業界にも「常識」という名の迷信がある。例えば「この業界の利益はＡ％が常識」を前提にすると、結局は同業他社と横並び経営になってしまう。ということは、自社流の考えを放棄して他社を模倣することになる。この業界、業種、規模では売り上げ高はＢ％という常識に捉われれば、それ以上の利益は出せないし結局は上昇しない。

103 様々な平均値は求めないこと。例えば作業時間の標準値を決めるとき、何人もの作業員が同じ作業をし平均値を出す。しかしこれが最低だということが分かっていない。平均値ではなく何回もやった中で「一番短い作業時間こそが標準である」と考え、それを作業員に訓練させる。遅いのは途中「作業のムダがあるからだ」と考えてほしい。

104 仕事のバラツキには重要な意味がある。バラツキの中のベストを「本当の実力にしよう」と考え努力すれば、必ずやベスト作業が「普通」になり、それを繰り返すことによって常にベストが普通になる。これが作業者の心構えに浸透すると次の困難な作業にも心構えとしては自然体となり、それが自社の作業標準になることも知ってほしい。

105 仕事は「やらされている」のではなく、いかに「楽しくやるか」が大切な要因なのだ。その心構えとして「仕事がきた」「ある」だけでは改革・改善は難しい。自分の考えで知恵＆工夫をし、自分が完成させることによって仕事は楽しいものになる。経営も 苦痛ではなく、楽しいものにする心構えがあると従業員にも浸透し職場は明るくなる。

106時間当たりの出来高という数値は、過去の実績をもとにはじき出される。しかしこれぐらい無駄なことはないのに気づいていない経営者も多い。過去の実績がそのままこの先もベースになるとの考えは進歩がない証拠だ。「現在を捨て改善・改革を推し進めることによって数値は変わってくるもの」ということを経営者は肝に銘じてほしい。

107 過去の実績には必ずやムダがある。ムダを省けば数値も変わってくる」を前提に取り組んでほしい。その心構えで取り組むことによってある経営者から「お陰で今まで残業していたものがなくなった」と喜ばれたことがある。要は過去の実積の吟味をし、「その実積をどうすれば改善できるのか」と考えるほうがはるかに生産性が上昇する。

108 企業にはマニュアルが沢山あり、それを守ることが前提だ。しかしある作業員が守っていない。そこでいきなり「守るようにしろ」との指示は最低だ、ということが分かっていない。守れないのはどこかまずい作業手順があると考え、本人と話し合うことが重要なポイントだ。そもそもマニュアルが「完璧」ということはあり得ないからだ。

109 マニュアルと違った作業手順を提案されたら即否定せず、まず「やってみてほしい」と検討に入ることが重要。それが失敗しても提案した人もその目で確認でき、納得する。しかしうまくいけば、それが新しい作業手順としてマニュアルを変えることもでき、「決められたこと」が、「自分で決めたこと」になり、仕事への意欲も倍増する。

110 作業員は自分でアイデアを出し、仕事のやり方を構築していくのは楽しいに決まっている。作業員は日々ロボットのように、同じ手順で「これをしていればいい」では仕事はおもしろくなく意欲もわかない。「能率の上がる手順を考えてほしい」と話しておくと作業員は「新しい手順はないか」と考えるものだということに気づいてほしい。

111 現在、斬新な作業手順と思えても明日は遅れた手順、またどんなハイテク製品でも明日はローテク製品と考え、現在の手順や製品を捨てる勇気を持ってほしい。過去のデータが将来のベースになるのかと常に疑問を持ち、作業動作を考えながら変えさせる。今日の最速手順が明日には低速な手順になることもある、ということを知ってほしい。

112 現在のデータには必ずムダがあり、そのムダを取り除けばより前進できるという信念を持ってほしい。要は「今日成功しているから明日も成功する」とは限らない。経営者はこのマインドを持てるかどうか、そのためにも情報、市場調査は生命線。グローバル経済は過激だということを心に刻み、外部者のアドバイスも必然と考えてほしい。

113 大抵の企業は過去のデータから未来を予測する。しかしグローバル経済では世界からどんな過激な波動があるか分からない。実際、「自社には関係ない」と考え、対応・対処できるような体制を整えていなかったため、倒産にあった例がある。異業種や専門家などからも情報を収集し、常に対応ができるように整えておくことが重要である。

114 経営者の自らの決断が、将来を大きく左右することが往々にしてある。優柔不断でその決断が遅れた結果、衰退している企業も世の中にはゴマンとある。そこでその決断が何かを目標にした場合、既存の製品を捨てる勇気が必要であることも知ってほしい。決断が遅れ、取り返しのつかなくなったという事例は世間には驚愕するほど多いのだ。

115 自らが決断を下せず思い悩む時､そこには必ず「選択する困難さ」と「捨てる難しさ」が同居するものだ。そこで常に完璧主義の傾向があり､何か決定しようとしても｢もっといい考えがあるのではないか。失うことの恐怖心からチャレンジに二の足を踏む人」など､ぐずぐずして次の第一歩を踏み出せないタイプの人は経営者には向かない。

116「経営での決断は未来を左右する」。このように考えると経営者の決断、未来の方向性への対応策はいかに大事か理解ができると思う。そのためにも時代の流れを常に把握する思慮を整えて情報を分析・吟味し、現場作業員にフィードバックする体制にしておかなければ､時期がきても結局は他社よりも遅れ、一歩先んじることはできない。

117 過去のデータも大切だが「現在の実績をどうやったら改善できるのか」ということも経営者は常に頭に入れておく必要がある。要は「過去のデータの中にはムダが潜んでいる」と考えることによって、間違いなく対応も変わってくる。「忙しい」といってデータも吟味せず情報収集や方針･対応を怠れば、間違いなく衰退要因になってくる。

118 常に新しい機械を導入しようとする経営者。｢このマシン２倍の作業能率がある」と勧められ導入した。しかし､「それほど注文があるのか」と聞くと「いまはない」という。｢では８時間中、４時間は遊ばせておくのか」というと､「うーん、そうか」と話し「注文が多くなったときの対処だ」という。その時､最新マシンは中古なのだ。

119 古いマシンをどう能率よく使うか。それにはその機械に熟練した作業員がおり､忙しくなると、より改善をするようにするのも現場の作業員というものだ。それらを無視して新しい機械を入れたから能率が２倍になると勝手に考える経営者も多々。そして能率が上がらなければ現場に苦情を言う。やる気をなくす元凶なのに分かっていない。

120 作業員が困って上役に相談しアドバイスを受け、その通りにした。すると文句を言われたので作業員はムッとし困惑した。上役曰く、「言われた通りにするな。そこにもう少し自分の考えを入れながら工夫し、より効率の上がるように改善しろ。俺の考えは過去のものだから」と言った。作業員は即刻納得し、改善に取り組むようになった。

121 自社のメーン製品というものは結局はシンボルで、それがあるから企業は成り立っている。そのためにも「お客はもっと何かを要求していないか」と市場先の現場で情報収集し、要求に先回りして応えるようにしてほしい。そのためにも営業と自社の現場が風通しを良くし、常に購入者の要求に応えられるようにすることが利益につながる。

122 1つの製品にするのにルートはいくつもある。仕事をするとき「なぜそういうふうにするのか」「この方がいいのではないか」というように、考える習慣を身につけるよう作業する。作業標準だけを頼りにし、それに外れないようにするだけでは仕事をしているとは言えない。進歩がないからだ。作業に進歩がないことは即停滞を意味する。

123「ムダを排除するためにムダなことをしている」。こんな現場を見かけることがある。作業員は「作業標準がそうなっている」と言い訳に終始。だが作業標準を逸脱してはならぬというのは大きな誤解。それは工夫することで次々と改善を加えていくための基礎ルールにほかならない。作業標準がなければ改善か、改悪なのかは判断できない。

124 アウトソーシングだけに目を向けるのは考えもの。もしかして相手先より自社で製作したほうがより安価にできるかも知れない。それを吟味せず世の中の流れだといって、安易に出すのは謹むべきだ。相手先にだってムダがあるかもしれないし、きつい要求をしているかも知れない。自社か、相手先か、じっくりと検討してからにしてほしい。

125 不景気に突入した場合などは下請けに一律１０％のコストダウンを要求することも多々あるが、それはただのいじめに過ぎない。できれば相手の作業場に入って双方で作業手順にムダがないかを検討し、対応するのが信頼を勝ち取る要因となる。常に一番安いところに任せるだけでは長く付き合うことができないし、弊害も出てくるはずだ。

126「変わること」は「過去を全面的に否定すること」と思いがちだが違う。もちろん過去の実績、ルール、作業標準、マニュアルがあるからこそ「変われる」のだ。それを勘違いせずしっかり把握し、そこで初めてグッドアイデアが生まれることを肝に銘じてほしい。やみくもに改善したところで以前の方がよかったという場合もあるからだ。

127 小売のＤ社が経営不振に陥った。本社からの指示が絶対だった。北海道から沖縄まで地域の特性を無視し、「東京ではそうだが、ここではこの方がいいのに」と思いながら通達は無視することができず、現場の社員は疑問を感じながらも改善しなかった。このような実態を見て他社は、地域に合わせた対応をしたところ売り上げが伸びた。

128 企業経営の際、苦難に直面した時こそ経営者の真価が問われることは言うまでもない。経営危機に直面した場合、経営者は従業員に対し説明責任を果たすことと、その内容が重要なポイントになる。言葉１つで従業員が奮い立つか、それとも諦めが先にきて離職され、結局は倒産の憂き目にあうか。普段から経営者はその心構えも必然なのだ。

129 経営コンサルのため中国に行ってきた。そこで仕入れた情報とは「婦女能頂半辺天」その意味は「女性が天の半分を支えている」とのことだが、要は、企業として女性の持っている能力をいかにうまく引き出しながら企業経営に貢献させることができるか。今後の経営手腕は、この辺にかかっていると言っても過言ではないと知ってほしい。

130 今後の企業経営は地域社会といかに結びつきながら、社会貢献ができるかにかかっていると言っても過言ではない。そして、できる限り経営を地域社会にオープンにし、親しみやすい企業という評判を得てほしいのだ。そうしないと「あの会社は何をやっているのかわからない」との評価では、ピンチになっても地域社会は助けてくれない。

131 仕事のマンネリ化、売り上げの停滞・下落した場合などは、担当者だけで「なぜそうなったのか」を検証するのがいままでのやり方だが、これでは時代変化なのか国際社会の流れなのか的確には分からない。そこで経営者は常に時代の進行情況の把握のため、検証し、グローバルな時代背景を的確に読みながら、フィードバックしてほしい。

132 トヨタ自動車では現場での体験上、工程のマシンは壊れるのではなく従業員の扱いや整備の悪さから壊すほうが多いという。通常、仕事でのムダを省けば段取りもうまくでき、マシンの調整はほとんどゼロにできるということが分かった。また作業のマニュアルをいかにチェンジするか、このことを常に考えながら作業しているのだという。

133 企業を経営するときのポイントは何かといえば、現代の経営者においては「時代を読む透視力」「決定・決断・即決力」「情報収集力」「情報発進力」「行動力」「斬新なアイデア力」「経営計画力」「経営分析力」「市場分析力」「市場収集力」などが必然だ。そして、過去の成功例を思い切って捨て去るのも絶対的な必要条件なのだ。

134 人生は何事もチャレンジである。そのためにも常に諦めることなく、挑戦してほしい。経営も同じ、日々市場動向ほか社会現象にも関心を持ち、そのためにも消費者動向を市場収集し、新商品の開拓に邁進してほしい。何事にも即チャレンジすることがなく、漫然とした日々では停滞は目前、人生に何かの目標がなければ、ただの敗北者である。

135 従業員が企業に求める要求項目を当研究所がアンケート調査①年次休暇の取りやすさ②実労働時間の適正さ③従業員教育・研修の充実④時間に柔軟な勤務制度⑤介護休業制度の充実⑥育児休業制度の充実⑦妊娠・出産支援制度の充実⑧セクハラ&パワハラを防ぐ対応策の充実⑨人事考課の結果公開・反論⑩メンタルヘルスケアの充実、など。

136 経営者は従業員に自社の進む方向、すなわち目標をはっきりと示さなければならない。その重要項目は①今後における自社のターゲットをはっきり伝えているか②決断・行動・発言が右往左往していないか③常に世の情報を収集しそれをしっかりと従業員に知らせ方向性を見いだしているか④斬新なアイデアを提示できるか、がポイントに。

137 経営者が求められる指標は、目標、決断、行動、情報、即決、未来、廃棄、斬新、異色、人質《じんしつ》、人材、動向、叡知、会話、などだが、姿勢としてこの判断を従業員に的確に通達し指示ができるかどうかが重要。先行きのターゲットも見いだせず、決断力もない経営者は従業員から見放され、必要な人材ほど会社を去っていく傾向が浮き彫り。

138 海外動向から国際化時代において企業経営者・従業員は、常に適切な危機感を共有し、そこでは情報を的確に駆使しながら先行きのターゲットを選択する。そして従業員も自らが経営者になったつもりで積極的に意見をボトムアップする。重要なのは意見を常にオープンに発言できる雰囲気を、社内中に浸透させるようにしなければならない。

139 自社の中・長期ビジョンは何か、その策定をはっきりと見いだし中核事業へのシフト、ターゲット市場の設定と食い込み、重点市場&商品の絞り込み、顧客の満足度アップ、独自性、競争優位性のパワーアップ。常に革新的な商品を効率的に製作する経営システム構築のため、その基盤整備として時には大胆に組織改革や、人事改革も実行する。

140 新入社員が自社に対してギャップを感じることは①残業時間を勝手に決める②意志決定スピードの遅さ③給与・賞与への不満④会社に対する将来不安⑤仕事の内容⑥休暇の取りにくさ⑦福利厚生制度への不満⑧仕事へのやりがい不満⑨上役との関係⑩男女不平等への不満。などが浮き彫り。これらで社員と気楽に話し合いができるか熟慮を。

141 人質《じんしつ》能力開発やキャリア育成に携わっていて最近感じることは、世代を問わず仕事や社会に対する背景、本質をよく理解していない従業員の増加傾向だ。仕事に対する視野が極端に狭いため「自分のやりたい仕事はこれではない」「この会社では自分のしたいことができない」など不満ばかり持つが、これでは意欲が減退し企業も損失だ。

142 商品には耐用年数で販売間隔が長いものがある。数年、数十年と購入間隔の長い商品である車、家＆リフォームなどにもその流れが当てはまる。そこで、あの家の車は何年、家は何十年経過したなどと、情報を収集させ営業させたところ、売り上げ急上昇となった。そこで自社の商品もその流れが当てはまるかどうか、即刻検討してほしい。

143 企業からの内部告発が続出しているのに、相変わらず不正が横行している。それで経営者が犯罪者になったり企業倒産したりしても「わが社は大丈夫。内部告発するものはいない」と慢心して足をすくわれることも多々ある。だが、それでも不正はなくならないという不思議。企業内でのいじめ、クビになった人などの内部告発も多々ある。

144 新入社員に「５月病」なるものがある。就職し仕事について１ヵ月、不本意な就職のせいもあってか、「こんなはずではなかった」「思っていた仕事と違う」などと、５月の連休明けそのまま出社せず、辞めてしまうことを５月病というのだ、と聞いている。その不本意な就職を生まぬような採用活動と、新入社員の教育も経営者の義務なのだ。

145 地方の食品会社などは常に首都圏の動向を見聞してほしい。高齢化に伴って食品の売れ筋にも変化が表れており、健康に良いといえば高価格でも売れる。友人は「製品には絶対に自信がある」というので筆者がアドバイス。東京では現地の倍の値段で販売させているがそこにはしっかりと説明責任が付随する。内容の偽装なんて全くの論外。

146 購入する年齢層は何歳ぐらいをターゲットにするか。女性か、男性か。そうなるとそれにはどういうパッケージでどうネーミングするか、などしっかりと検討してほしい。友人は味噌の販売でただ「山形味噌」とネーミングし東京で販売したけれどさほど効果がなかった。そこで名前を「山形・寒仕込み味噌」にしたところ５０％以上アップ。

147 売り上げとして商品の価値にネーミング、パッケージは絶対的に左右する。山の中で「山賊そば」で、海岸では海鮮ラーメンをやめ「海賊ラーメン」にしたところ大成功。しかし、そこにはとにかく「驚きがなければ続かない」とアドバイス。そこでは、そばが見えなくなるほどの大きなテンプラを乗せたところ、これが大評判を呼んでいる。

148 日本酒が売れないという。筆者は某女子大でも講義しているが、彼女らに日本酒のイメージを聞くと「何となく臭い」「入れ物もダサイ」という。そこで彼女らに知らせずにカクテルの赤いビンや青いビンに入れ、グラスもお洒落なものにし試飲させたところ、おいしいという。こんなところにもヒントが隠されているのではないだろうか。

149 地元産農産物を売り出すのに簡単な方法がある。まずその農産物を利用した料理の品評会を行い、マスメディアの取材をうけ、放映してもらう。筆者の提案とアイデアから数ヶ所の県・地域で取り組んだところ、現在その農産物が県の特産品になった地域が何件かある。要は、地域全体で行動する気があるかどうか、この辺にかかっている。

150 ある地方の道の駅でアイスクリームがあまり売れないのでどうしたらいいか、相談された。そこでパッケージを、かやぶき屋根の入れ物にし、屋根をはがして食べるようにしたところ大成功。これも他社がやっていないことをしたから、成功したのだということを知ってほしい。特産品として売り出すには常にアイデアと行動が基本である。

151 既存商店街の衰退が著しい。けれども商店街の組合も商工会議所なども何ら対策もせず「こんな時代だからしょうがない」と諦めている地域が多いのには驚く。活性化のアイデアが日本になかったら海外の成功例などを取り入れてほしい。「在日大使館で教えてくれるよ」と話したところ、「ハローと言われたらどうするの？」で終わった。

152 交通機関の経営は苦しい。とくに地方ではローカル鉄道やバス会社は四苦八苦。だが米国で全く同じような状態なのに最近成功例が浮上、日本でも即使えるアイデアだ。このアイデアを青森県のあるバス会社に話したが全く動かなかった。一部の乗客は無料なのだが米国では乗客が増加し売り上げもアップした。税金からの補填ではない。

153 今の時代は少子高齢化で人口減少、斬新な技術革新、ＩＴ経済の拡大、価値観・嗜好の多様化に加え、新興国などから食品の輸入増加など、時代変化の波が急速に地方社会にも押し寄せているのを無視して、その動向について行けないから衰退が始まるのだ。地域に対応策がなければ外部から情報収集・吟味し、地域全体で行動してほしい。

154 企業経営ではまず最初に自社の長中期ビジョンの設定、散漫にならず中核事業へのシフト、ターゲット市場へのアプローチ、重点顧客・重点商品の絞り込み、商品の独自性、革新的効率へのシフト、今の売れ筋を捨てる勇気、食品では味をチェンジする勇気、中小企業では末端社員とのコミュニケーションも必然。この辺もポイントなのだ。

155 経営者は常に時代の流れを読み、社員と市場動向、売れ筋、売り上げの変化、季節感、危機感などを共有することを心がけてほしい。そして従業員には常に経営者になったつもりで物事を考えてもらい、日々コミュニケーションを取りながら行動してほしい。また、社員は自社と今している仕事を絶対好きになる思いこそが重要ポイントなのだ。

156 企業経営の中で特に製造業は、３段階の技術の種を持たなければならないと言われる。第１は「現在の主力製品の改良、改善につながる技術」、第２は「次の主力製品につながる技術」、第３は「モノになるかどうかわからないが可能性を秘めている技術」だ。これらを経営者はしっかりと把握し、市場の動向を見ながら的確に判断し決断を。

157 次世代を運営する経営人材の育成は、常に大きな課題であるとあらためて知ってほしい。そこで特にミドルマネジーメントの能力開発が社内で充分にできているかどうか、自社内のマニュアル充実が大切である。このような社内体制がなければ従業員の仕事内容にもマンネリ化が浸透し、斬新な製品が芽を出すような社内体制にはならない。

158 企業経営者は常に若者のモチベーション向上に努めなければならない。体験からだが、これを怠っていたことで衰退していった企業も数えきれない。首都圏の成功しているベンチャー企業をみると、２０～３０歳代から責任ある大きなプロジェクトを任され、彼らが時代の流れを読み、ボトムアップしている実態が多いことも知ってほしいのだ。

159 今後は高齢でネットに弱いと言われる経営者でも市場がネット時代に入った昨今では、その流れをしっかりと把握し、得意な若者社員たちと時代背景を駆使し、自社の斬新な対応策を構築しながら対応してほしい。そのためにも市場からしっかりとした情報を汲み上げながら吟味し、それをいかに自社製品に取り入れ発進するかがポイントだ。

160 抜擢された若手社員、部下は年上が多く指示する立場になった。そこでどのように組織をまとめながら軌道に乗せて行けばいいのか困惑し、質問された。そこで「常に事業目標を具体的に設定し、そのプランのためにどうすればいいのか周囲と相談すること」とアドバイスした。リーダーは事業目標の設定が基本であることを知ってほしい。

161 経営者は常に若者たちの市場動向や高齢者の買物動向などを調査し、世の中の動きを的確に捉えながら経営に生かしてほしい。そこで例えば自社のハイテクと思われている製品でも明日はどこにでもある日用品となり、その便利さがさらに上を行くハイテク製品が誕生すると、自社製品は即市場から消える運命であることも知ってほしい。

162 企業は国際社会のなかでいかにして変化への対応力を持つことができるか、これを社内全体の基本姿勢にしてほしい。そして変化をプラス思考で捉え、それをどうチャンスに結びつけるか。経済に変化があるから上昇もあり、また下落もあるということを考慮し、変化にチャンス到来と考えチャレンジする心構えを社内全体で持ってほしい。

163 医者の友人曰く「労働には脳を『楽』に働かせ、脳機能の低下しにくい生活習慣を身につけてほしい」という。そのための方法として①前の日か出かける前、予定されている重要項目を３つほど選んで手帳に書く。②大事なことは先に頭の中で整理しておくこと。そうすることによって段取りもうまく行き、考えた手順に戸惑うことはない。

164 社内ではなるべく座って話すことを減らすこと。あまり重要と思われないことなのにお互い座って話しをすると、一般的に長くなることを認識してほしい。このようなことでも認識することによって、職場での時間のロスを思いのほか減少させることができる。知人の企業は筆者のアドバイスによってこれを実践し、実際残業を減少させた。

165 若手に対する社員研修を行なっていると、そこで気付くことだが上役に対する要望の１位は「指示が的確な上役」、２位は「よくアドバイスをしてくれる上役」、３位は「よく相談にのってくれる上役」、４位は「仕事ぶりを的確に評価してくれる上役」、５位は「目指すビジョンが明確な上役」などとなっている。経営者も気付いてほしい。

166 新入社員が今の会社を選んだ理由の１位は「自分の能力・個性が生かせると思った」、２位「仕事がおもしろいと思った」、３位「技術が覚えられる」、４位「会社の将来 性を考えて」、５位「経営者＆経営体質に魅力を感じて」などである。そこで経営者や上役たちはこの辺も頭に入れながら社員とのコミュニケーションをはかってほしい。

167 現場などで製品を組み立てる場合、「少しばかりはいいや」などといって手を抜くと、後になって必ずやほころびが出るものだ。そうなると今まで構築してきた信用も１日で消え失せ、場合によってはそれで倒産もあり得るものだ。そこで「ものづくり」には、誠心誠意で取り組むことがいかに大事か、当たり前のことを改めて知ってほしい。

168 ボーダーレス＆グローバル市場時代の環境変化を読み切れず、倒産していった企業は無数にある。恐竜が滅んだのは環境変化に対応できなかったからと言われる。これは企業も同じ。時代や市場変化を先読みし即対応できる企業であるかどうか。知人企業は女優さんの着ているブラウスなどをテレビで見た途端、一週間で作り販売している。

169 動物に例えるとマクロ的なのは「鳥の目」、ミクロ的なのは「虫の目」、流れを的確に捉えるのが「魚の目」とも言われ、魚は流れている餌を瞬時に捉える俊敏さがなければ生きていけない。これは企業も同じ、市場の流れを瞬時に捉えそれを自社製品にどう反映させ市場に送ることができるか、時代対応は間違いなくこの辺にかかっている。

170 経営者は、現代の市場は実に不確実性の高い時代に差しかかっているということを改めて知ってほしい。自社に落ち度がなくても外部の要因で倒産することも数知れない。だからといって臆病になり、チャレンジしないような企業では停滞または下落が始まることになる。これが企業内に蔓延すると恐ろしいことになることに気付いてほしい。

171 現況は間違いなく世界市場を相手にしなければならない激動の時代だということを肝に銘じ、今後はどのような方向性を見いだし、何を目指すのか。そこで常日頃から市場調査しながら吟味・検討し、社が一体となって方向性を共有してほしい。これらを怠ると時代に取り残され、気付いたときには倒産が目前ということも多々あるものだ。

172 首都圏の流れなどではＩＴなど、新興企業を中心に４０代の社長や役員が多くなっている。しかし伝統的な重厚長大型や下請けの企業などでは、構造転換が遅れているところも多々見受けられる。そこで常にアドバイスとして若手などと懇談し、外部の役員からも情報収集を徹底し、市場の動向を把握しながら、自社製品を改良してほしい。

173 国際市場が過激な競争時代に突入したいま、どんな零細企業でも国際社会の流れや自国政府の動きにも気を付けてほしい。世界市場は自由貿易が絶対的な流れである以上、それに耐え駆逐するにはどうすればいいのか。筆者のアドバイスで友人は十数年前からコメや農産物を香港など、スイカはモスクワなどに輸出し１個１万５千円程で販売。

174 グローバル時代に向け、地方の中小企業といえども海外展開をためらってはならない地域の特産品輸出などにチャレンジしてほしい。これらを進めなければ世界の流れから振り落とされる時代なのだ。ＩＴを駆使すれば顧客のニーズを知ることができるし今後、海外に目を向けなければ為替動向も加わり欧米や新興国に侵食されるだけだ。

175 世界を回ると日本製の食品に対する要望がすこぶる高いことが分かる。「日本人の長生きは食にある」といった宣伝からか欧米では日本食ブームであり、日本食レストランが約５万５千店舗にもなったという。先般、欧州に行ったがフランスはもとより、イタリアにまで日本食専門のスーパーが開店し、実に好評を博していることを知った。

176 日本企業のほとんどは、成長するにつれ失敗を恐れるようになる。フェイスブックの最高経営責任者マーク・ザッカーバーグ氏は、「もっともリスクを取らないのは、そのリスクを取らないことだ。最も重要な問題解決には一体となって力を入れる。簡単なことのようだが、ほとんどの企業がこれができず時間を浪費している」とコメント。

177 経営者を始めビジネスマンは、日々自己分析力を向上させなければならない。人間は一・二回成功すると、その後も自分は成功するものとの勘違いに陥りやすく、周囲の意見を何となく聞かないことが多くなる。そうなると時代の変化を読み取ることもできず、それに気付いたときには衰退に陥っていることが多々あることを知ってほしい。

178 人生＆経営にはまずもって目的をはっきりさせなければならない。そのためにも人生理念を持ち合わせていなければならない。ではその人生理念とは何かといえば哲学、価値観、信条、目的などだが、その中身を掘り下げると愛情、感謝、情熱、貢献などが考えられる。そこには人生のビジョンとしてライフデザインほか人物像が浮上する。

179 目標としている日々の実践では、まず全社の健康管理と社員の能力開発、そして相手先とのコミュニケーションなどがいかに大事か熟慮し、自社と自分は何をターゲットにしているのか、何が一番大事なのか、本当は何を求めているのか。そのために何をしているのか、何をすればいいのか。このために日々の時間をチェックしてほしい。

180 今ターゲットにしている行動は、自社が求めている成果を手に入れるためには効果的かどうか。そこでは主観を排して、客観的に行動を自己評価するようにしてほしい。そのために自社のマニュアルを常にこれで正しいのか、成果が上がっているのか、もっと成果が上がる方法はないのかなど日々検証し、現場にフィードバックしてほしい。

181「不可能」の反対は「可能」ではない。挑戦する行動力だ。挑戦もしないうちから、「それは無理だよ」と断定し、諦めるようでは企業経営の資格はない。それは従業員も同じ。不可能と思える仕事でも「どうしたら、どんなルートで進めばターゲットに到達できるか」ということを熟慮・吟味し、諦めずに挑戦する心構えを持ってほしい。

182 商品に対するネーミングをいい加減にしないでほしい。親友の食品会社で、漬物をそのまま「漬物」とネーミングして販売したら、売れ行きが芳しくなかった。そこでアドバイス。春の漬物を「春うらら」、秋の漬物を「秋の色どり」に直したところ売れ行きが数倍となり経営者も驚愕、即刻他商品のネーミングもチェンジの検討に入った。

183 朝市グループから「人を呼び込むにはどうしたらいいか」と相談された。そこで「他の企業の力を借りることだよ」とアドバイス。その企業とは地元にある車の販売会社。朝、その駐車場を貸してもらい1つの品物だけでいいから特別に安価で販売、それを車の広告の一部に記載してもらう。これで車の売り上げにも結びついて双方にっこり。

184 既存の経営を改革するためには定石というものがある。経営を左右するような市場からの流れが来た場合、自社が置かれている状況をまず社内全体に正しく伝え分からせることを前提に、そして状況の分析を検証しながら、自社はどの分野で経営資源を最も生かすことができ、競争力のある商品を出すことができるか、構想をたててほしい。

185 経営の問題点を探る観点として①仕事の効率が悪いのか②人員の作業配置が悪いのか③人員の配置が適材・適所なのか④現在、一時的に仕事の量が多すぎるのか⑤慢性的に仕事の量が多すぎるのか⑥従業員の心のケアは十分か⑦世間の流れと違ったことをしていないか⑧市場の流行に遅れていないか⑨独自の製品があるか。などがポイント。

186 経営の問題点を探る観点として①情報を検証し時代を先取りするような体制が整っているか②製品が他社の二番煎じになっていないか③自社製品のどこに特徴があるのか④製品に自己満足し市場分析を怠っていないか⑤今日のハイテクは明日のローテクになるとの気構えがあるか⑥市場動向に気を使っているか⑦市場動向に対応しているか。

187 本来、ものの考え方を整理するには大切にしなければならないことがある。「本質的」「中長期的」「多面的」という３つの視点を持つことだ。いかなる事案も本質的なところをターゲットにし、中長期的な視点に立って結論を導く必要がある。また、より多面的な視点から熟慮し検討を加えることも重要、間違えたら霧散しかねない事態だ。

188 経営者の必須条件として①時代の先見を検証する洞察力②タイミングを逃がさぬ果敢な決断力③最終判断通達における強力な統率・伝達力④即座に対応する行動力⑤曖昧さをなくした指示力⑥市場の情報を吟味する分析力⑦日々製品をアレンジする気構え。市場は非常に過激なもの、経営者の対応によっては即衰退という事態も多々あり得る。

189 経営者は日々、朝令暮改になっていないか、首尾一貫しているか、指示・通達に曖昧さはないか、姿勢・方針にブレはないか、市場の動向に気をつけ対応ができているか、製品に独自色をだしているか、などが問われる。それらを心して考え従業員と共有し、行動してほしい。企業経営では、方針、指示、行動の「曖昧さ」が最高の欠点である。

190 企業は市場から情報を収集・分析し、グッドアイデアだと思われるならそれを自社に取り入れようとする。だが、ある企業では「これはしない」「何をしないのか」という考え抜いたビジネスモデルを立ち上げ従業員に浸透させた結果、無駄な研究や行動、作業などが整理され成果につながった。このように実績などから常に見直しは必然だ。

191 大使館の友人からこんな話を聞いた。「サービス業に携わっているのに日本人には笑顔がない。お客からおカネを頂く時も商品を渡すときも『能面の顔』。そこに笑顔があればロイヤルカスタマー（生涯のお客）になるのにー」という。そう言われれば確かに笑顔がない店員さんが多いのに気付く。パリでは筆者に気があるのか？と思った。

192 現在のマニュアル通りでは「生産性は上昇しない」ということを常に頭に入れ日々組織の中に入る従業員たちはアイデアやヒントを出し合い、組織を揺さ振っていなければ必ず衰退する。そしてその衰退が始まったと経営者が気付いたとき、それにブレーキをかけ、上昇させるには日頃の数倍のエネルギーが必要になることを知ってほしい。

おわりに

今回、「経営者とビジネスマンの心得」というタイトルで、久しぶりに出版することになりました。その切っかけは十数年前、あるトヨタ自動車販売店の経営者から、「世にすばらしい経済誌や経営対応策などの出版物は多々あるが、時間がないので読み切れない。そこで経営に対する対応策など、的確で端的に書いたものがあればいいんですが」などという要望からです。そこで、その頃から各企業へのアドバイスや対応策などを短く端的に書き、経営者などに提案してきました。それを今回、改めてまとめたものです。

内容としては企業経営に携わる知人、友人たちからのアイデアや、また海外など自らの体験などを含め、経営者へ今後の方針や対応策を始め、ビジネスマンたちへはアドバイスなど、これらを端的に提案することを心がけながらまとめたものです。

現在、時代はグローバル＆ボーダーレスに突入したいま、とくに製造業ではどんな中小企業でも為替動向など、国際化に巻き込まれており、それらへの対応策が瞬時に求められる時代です。その結果、それに対応できなければ倒産という現実を多々見てきました。

80 年代後半、日本はバブル経済が勃興しそして崩壊後、金融機関が破綻しデフレに見舞われました。しかし直近では安倍政権の動向も相まって、わずかながらもこのデフレが払拭されつつあります。そこで先行きの心構えとしてどう対応・対処すればいいのか、実に困難な事態に直面しているのが現況です。それを踏まえながら、これらに対応するアイデアなどを端的に列記しましたので、何かの参考になれば幸いです。

ところで私的なことですが、筆者の趣味はスキー、それもアドベンチャースキーと競技スキーで、現在は全日本実業団スキー連盟の理事長もしております。スキーのきっけは、戦前から父がスキーヤーだったため高校、大学とスキー部に入部しキャプテンとなり、また社会人になってからも各地の大会に出場し、現在は世界＆日本マスターズ大会などにも毎年出場しております。

その間、30 歳のとき、山形県蔵王大会の滑降レースで練習中に転倒し頸椎損傷し、首から下はまったく感覚がなく、１年２ヵ月ほどの入院を強いられました。担当の医師は、「一生寝たきりかも」と話したといいます。後になって妻から聞きました。だがその後、歯を食いしばってリハビリに専念し、４年目にはゲレンデに立っていました。
経歴の主なものとしてアドベンチャーでは 1973 年、アラスカ州マッキンリー山を滑降し、日本人で初めてともいわれました。その後、1976 年には冒険家の三浦雄一郎氏とモンブランを滑降し、1993 年にはカナダで行なわれた世界マスターズ大会に参加し 13 位、そしてイタリア大会、オーストリア大会などにも出場、ニュージーランド大会では遂に銅メダリストになり、読売新聞に写真つきで掲載されました。
日本では毎年冬期間には毎週のように全日本公認大会などに出場し、講演などの仕事はストップ。最近の成績では 2014 年の東日本マスターズ大会では２位、2015 年には３位、同じく同年の新潟県マスターズ大会では２日間とも第１位。しかし、同年の全日本マスターズ大会では、コースを間違えて失格となり、悔しい思いをしました。スキー競技では年に１～２度の失敗もありますが、それも全日本大会での失格、実に残念でした。
現在全日本マスターズ大会では男性が 88 と 87 歳など 80 歳以上の選手は二十数名、女性では東京・世田谷区の本間さんなど十数名ほどがいます。このような先輩たちが出場していますから、70 歳代の筆者はまだまだヤングです。
以前、トヨタの副社長で現在はデンソーの会長である斉藤昭彦さん、彼も同年代で競技スキーをしていますが、経済界では我々２人ともいわれ、また弁護士の業界では千葉県の広井武昭氏ぐらいなものということです。そこで今後の健康を考えると昔チャレンジした方はカムバックしませんか。実に楽しいし筆者はケガ以外、病気したことがないのです。血圧の上は 118、下は 65 ほどで健康そのものです。
先の東日本大震災後には 31 回伺い被害者と懇談し、また 37 年前から主に学生をボランティアでホームステイをさせている家庭でもあります。
その他、筆者の故郷は青森県内にある“三内丸山遺跡”の元地主で、先祖から伝えられている人生目標は、『文武両道』です。祖父は政治家で明治の憲法に携わった者なので、亡くなったときは当時の総理大臣、池田勇人氏が銅像を建ててくれ現在も残っています。筆者もこれに恥じないように行動で、今後も何かを残してから終焉したいと思います。

プロフィール

経済評論家 Ph.D.　奥崎《おくざき》 喜久《よしひさ》（元三内丸山遺跡地主）

元ネール大学客員教授　日本ビジネス経営研究所理事長　全日本実業団スキー連盟理事長　経済＆教育ジャーナリスト　全国地域づくり工房代表　元トヨタ自動車社社員教育専任講師　全国子育て支援隊代表　NPO 法人 全日本健康倶楽部副理事長　東京教育研究所理事長　温泉街＆スキー場活性化コンサルタント　女性の生涯学習・ミズアカデミー理事長　農水省外郭団体（一般財団法人）「まち・むら交流機構」ふるさと応援隊・隊長

〈経 歴〉 旧通商産業省＆外廓団体勤務　輸出検査官合格　ＪＩＳ規格認定調査・研究員　経済歴史と戦後における海外＆日本経済の動向を調査・研究。現在、新聞・雑誌等に掲載、全国で地域づくりや経済問題で講演活動実績

○元ネール大学客員教授（特別講義・①戦後における日本経済の動向②世界経済第２位になった秘訣③日本技術の神髄・新幹線はなぜ作れたのか。etc）
○元大阪府立大学非常勤講師　中国上海市＆韓国ソウル市で日本経済の特別講演
○日米の教育問題「“人に迷惑を掛けるな”の子育てはやめよう」で講演開始
○大阪府立大学　千葉工業大学　神奈川大学　日本女子大学などで特別講義開始
○中国電気・機械使節団来日時の特別講師。テーマは「戦後の日本経済の動向」
○国土交通省磐城事務所主催「常磐道でまちづくり」の全国公募論文で、優秀賞
○ 2004 年 10 月、全国 47 都道府県の職員研修会講師。場所・東京憲政会館
○農水省外廓団体（財）都市農山漁村交流活性化機構・ふるさと応援隊隊長に任命（注・秋田県では鳥海町に 10 日間滞在し地域活性化のアイデアなどを提案）
○奈良県主催「高齢化問題」公募論文で関東甲信越代表となり、県知事から表彰
○青森県三内丸山遺跡の元地主のため、縄文遺跡の話題を要望され各地で講演中
○兵庫県主催の「ボランティア」公募に入選し、ＮＨＫ＆民放ＴＶで放送される
○各地の新聞に論文＆エッセイを掲載。韓国の東亜日報＆韓国日報に論文が掲載
○日米の教育問題で調査・研究した論文を発表し、教育界にインパクトを与える
○北九州市／同和問題啓発推進協議会主催の「人権論文集」に数回入選したところ、江守徹氏がラジオで朗読する。日本＆東京商工会議所への講師登録される

〈付 言〉 ○東日本大災害へ心のケアで伺い今回で31回目、延べ88日間滞在(2014年9月)

〈著書＆論文〉「日本経済の動向」「為替に翻弄される日本経済」「中小企業の生き残り戦略」「経営者とビジネスマンの心得（各企業の研修に使用）「地域活性化と行政の役割」「高齢化社会と地域の活性化」「シャッター通りの解消法」「6次産業をやめ7次産業を」「日本の教育を考える」「女性心理の裏側」etc。

〈趣 味①〉1973年／日本人初 米国アラスカ州マッキンリー山の氷河滑降30キロ達成

〈冒 険〉 1976年／三浦雄一郎氏とフランス・モンブラン山の滑降にチャレンジし成功
1993年／世界マスターズスキー選手権カナダ大会に日本代表で出場し13位
2010年／世界マスターズスキー選手権ニュージランド大会で銅メダルを獲得
2014年／全日本公認・マスターズスキー選手権・新潟大会で金メダルを獲得
2015年／東日本マスターズ大会3位獲得

〈趣 味②〉「読書」「海外取材」「ホームステイのボランティア・現在212人目滞在」

著者 **奥崎 喜久**

N.S.A

栄誉を讃えて

あなたの挑戦は勇気と感動とともに
永くスキー史に刻まれる
我らの誇りと讃えます

SAJ (公財)全日本スキー連盟 B級公認
第18回 新潟県マスターズスキー大会

大回転競技 男子75歳代

第1位 奥崎 喜久殿

平成27年2月14日

公益財団法人 新潟県スキー連盟
会長 尾身孝昭

競技スキーヤーとして、現役で
活躍する著者の勇姿

第8回 八海山麓マスターズスキー大会
大回転競技 男子75歳代 組
第2位 奥崎 喜久 殿
あなたの
優れた技と
力の栄光に
賛辞を贈る
八海山麓スキー場

表彰状

奥崎 喜久 殿

栄冠は
君に輝く
勝者の栄光に幸あれ

会長 金井

第8回 八海山麓マスターズスキー大会
大回転競技 男子75歳代 組
第2位 奥崎 喜久 殿
あなたの
優れた技と
力の栄光に
賛辞を贈る
八海山麓スキー場

1日《にち》たった30秒《びょう》読《よ》むだけでもいい！
どのページからでも使《つか》える３６０のメッセージ

4行《ぎょう》にこめられた経営者《けいえいしゃ》とビジネスマンの心得《こころえ》

2015年4月10日　　初版第1刷発行

著　者　奥崎　喜久
発行者　比留川　洋
発行所　株式会社　本の泉社
　　　　〒 113-0033　東京都文京区本郷 2-25-6
　　　　TEL.03-5800-8494　FAX.03-5800-5353
　　　　http://www.honnoizumi.co.jp
編　集　埼玉グラフ株式会社
編集協力　進藤　進
印　刷 / 製本　新日本印刷株式会社

©Yoshihisa OKUZAKI 2015 Printed in Japan
本書を無断でコピーすることは著作権法で禁止されています。
乱丁本・落丁本はお取り替えいたします。
ISBN974-4-7807-1220-9 C0036